我的履历书

大桥洋治 自传

［日］大桥洋治 著

任世宁 译

OHASHI Yoji

人民东方出版传媒
People's Oriental Publishing & Media
东方出版社
The Oriental Press

作者简介

［日］大桥洋治

现任全日空控股集团顾问。1940 年出生，1964 年毕业于庆应义塾大学，之后进入全日空（ANA）工作。2001 年任社长，2013 年担任全日空控股集团会长，2015 年起担任集团顾问至今。

2008 年至 2012 年，担任日本经济团体联合会副会长。2012 年荣获日本国旭日大绶章。

写在前面的话

"我的履历书"是日本最大财经报纸《日本经济新闻》的知名连载专栏,于1956年开设,邀请日本各界及全球的精英亲笔撰写人生经历,每月一人。执笔者中有松下幸之助、本田宗一郎、稻盛和夫,也有英特尔、GE、IBM等企业的经营者。它曾被《读卖新闻》誉为"时代的见证人"。

其中部分"我的履历书"已被编成图书在日本出版,我们从中精选具有代表性的经营者的自传介绍给中国读者。这些经营者都曾面临生存或发展的困境,然而他们都能秉持正念,心怀为人类社会奉献的大义,以顺势而为和热爱思考的态度成就美好人生……

更重要的是,他们深受东方哲学和中国传统文化的影响,一生都在追求正确的为人之道,追求做人应有的姿态,坚持利他的美好心灵,坚持正确的活法和思维方式。这些追求和坚守与中国读者有着文化上的共鸣和"山川异域,风月同天"的内在联系。

实际上,不管时代如何变化,技术如何发达,古今中外的真理都是相通的,追求"作为人,何谓正确"更是一个历久弥新的人生课题。诚如稻盛和夫在其自传中所说:"决定人生的并非好运或厄运,而是我们心灵的状态……对于那些正在认真思考自己人生的人,或者正在认真学习工作和经营精髓的人,我的经验或许可以提供参考。"如果读者能够通过阅读这套自传丛书获得一些启示,少走一些弯路,我们的出版目的也就实现了。

东方出版社编辑部

前　言

　　白驹过隙，忽然而已。自1964年我第一次敲开了全日空航空公司（以下简称"全日空"）的大门，一晃已过去了五十余载。我从加入全日空那天起，就在心中暗自发誓：一定要为全日空开通更多的国际航线，绝不让全日空在自己手中垮掉。我一生都在为此努力奋斗。说句心里话，刚入职的那个时候，我压根儿也没想过全日空会发展到如今这种地步，没想到它能成长为一家如此庞大的企业集团。自然，我也为之窃窃自喜过，自认为这里面应该有属于我的那份功劳。

　　当然，在成绩面前，我们绝不可沾沾自喜，更不能故步自封。尽管今天的全日空已成功开通了十几条飞往中国的国际航线，并在北美和欧洲以及世界其他地区建立了许多条飞行航线，但我仍希望公司的后生晚辈们能继续为开通更多的新航线再接再厉，努力奋斗。

全日空的英文名称是"All Nippon Airways"（以下简称"ANA"）。从字面上不难理解，全日空成立之初的工作重心只放在日本本土，但我并不甘心让全日空的未来永远被"日本"二字束缚，而是更希望我们能成为全亚洲的ANA。我期盼着全日空能继续扩充自己的航线，展翅翱翔在蒙古、巴西、阿根廷、新西兰以及非洲各国的蓝天上；我期盼着在世界各地都能看到全日空展开蔚蓝色的翅膀自由飞翔的英姿；期待着有一天人们津津乐道："我知道，ANA应该是Asian National Airways的意思！"

众所周知，在亚洲，全日空最看重的国家是中国。对于像我这个出生在中国的人来说，中国更是一个特殊的存在。可以说，我对中国的情结远胜于其他任何一个日本人。2017年4月16日，《日本经济新闻》开始在报刊上连载我的"我的履历书"。其实，那一天恰好是全日空中国定期航线通航三十周年的纪念日。三十年前的这一天，即1987年4月16日，被尊为"全日空之父"的冈崎嘉平太社长乘坐首航班机从成田机场启程飞赴北京首都机场。

冈崎嘉平太先生生前深受周恩来总理等许多中国领导人的敬重。担任全日空社长期间，在全日空遭遇重大空难之时，他因公司业务以外的事由出访了中国。为此，当时的日本首相佐藤荣作大发雷霆，怒斥："在这重大时刻，全日空社长竟然会因公司以外的事离开日本，简直岂有此理！"并要求他辞职。面对政治上的胁迫，冈崎先生毫不畏惧，拒绝辞职，他说："我虽是全日空的社长，但也要兼顾对华工作。"这也是他挂在嘴边的一句口头禅，彻底地展现了铁骨铮铮、不畏权贵的男子汉气概。我十分敬佩他这种超越企业家境界的博大胸怀。

我一直都关注着中国的发展与变化。最近，我深感当下的中国变得与冈崎先生和我以前所了解的那个中国不大一样了。实际上，在习近平主席的领导下，今天的中国已经进入了新时代。所以，我也不断地提醒和告诫自己：今后，全日空在放眼未来时，一定要更加关注中国，也要放眼亚洲和全世界，要把握好这两者之间的平衡。

"让旅客放心、温馨、开心！"

2001年春，我在上任全日空社长之初，为了营造出公司上下团结一致、努力工作的氛围，便打算提出一些鼓舞士气和振奋人心的口号。于是，我在公司内部成立了一支特别团队，上面这句口号就是由这一团队提出来的。那时，我认为对航空公司而言，最重要的工作应该是保障旅客的人身安全，但他们根本没有提及"安全"二字，反倒是强调了"放心"。我提出质疑道："你们是不是搞错了？不应该是'放心、温馨、开心'，而应该是'安全、温馨、开心'吧？"面对我的质疑，团队中的一位女性成员这样解释："我们在商店里买的饭团是百分之百符合卫生标准的安全食品，但我们还是更喜欢母亲在家中自制的大米饭团，因为它不仅是安全的，还包含着慈母的一片爱意，是让我们吃在嘴里乐在心头的放心饭团。"

其实，这才是全日空长期以来一直追求的理想服务模式。多少年来，全日空为了向广大旅客提供放心、温馨、开心的空中旅行，一直都在呕心沥血地努力工作。

本书总结了我为此奋斗的半生经历。书中内容在"我的履历书"的基础上，又添加了当时因受篇幅所限而未能披露的部分趣闻。如果各位读者能通过此书了解到日本航空业的发展历程及飞向未来的远景规划，我将感到十分荣幸。

大桥洋治
2020年1月

目　录

第一章　离开中国

出生在中国东北 ………………………………… 003

父亲、母亲回国 ………………………………… 008

故乡冈山县 ……………………………………… 013

学生时代 ………………………………………… 017

庆应义塾大学与恩师 …………………………… 022

第二章　进入航空公司工作

入职全日空 ……………………………………… 029

新员工时代 ……………………………………… 033

羽田事故 ………………………………………… 037

结婚 ……………………………………………… 042

洛克希德事件 ………………………… 047

教训 …………………………………… 051

第三章　忙碌的日日夜夜

国际航线通航 ………………………… 058

担任宣传促销部部长 ………………… 063

奋战成田机场 ………………………… 072

赴纽约工作 …………………………… 077

公司高层内斗 ………………………… 082

第四章　执掌全日空

被指定为接班人 ……………………… 088

就任社长 ……………………………… 093

彻底改革 ……………………………… 098

宣布复配红利 ………………………… 106

交班 …………………………………… 113

参与经济界活动 ……………………… 118

爱搞恶作剧 ………………………………… 124

第五章　继续逐梦

死里逃生 …………………………………… 130

B787 与 MRJ ……………………………… 135

日航破产事件 ……………………………… 140

实施 LCC 战略 …………………………… 145

冲绳畅想 …………………………………… 153

成立全日空控股集团 ……………………… 157

梦中的"空中丝绸之路" ………………… 161

结语 ………………………………………… 167
大桥洋治年谱 ……………………………… 171

第一章 离开中国

出生在中国东北

1940年1月21日,我出生在中国东北地区的佳木斯市。母亲告诉我,小时候的我体弱多病,直到六岁了还整天耷拉个脑袋挺不直脖子。我上面有过一个姐姐,叫大桥则子,她出生后仅活了三个月,就离开了这个世界;我还有过一个大我三岁的哥哥,叫大桥辙太郎,据说父亲很喜欢他,但他也在三岁就夭折了。某种意义上,我就是父母手中的"独苗"。对我的成长,他们费尽了心思,操碎了心。

那个时期,中国大约居住了100万日本人,其中20%的日本人住在大连市。那时,父亲是从日本到大连办实业,后来事业小有所成。1945年8月,苏联突然出兵中国东北,我们的生活从此发生了天翻地覆的变化。

父亲接到了一张红纸（征兵令）后，就被派去守卫对苏防线了。母亲为了活命，决定带着年幼的我去牡丹江避难。为了躲避苏军，我们原本打算从佳木斯出发去牡丹江，但当我们准备出发之际，忽然传来了一个坏消息，说是牡丹江那里有了苏联军队。后来我们才得知，当时苏军的一个装甲师一口气就攻占了牡丹江，并杀了留在当地的680余名日本人。这个情况，我们也是辗转通过许多人才打听到的。

逃难不成，我们只能滞留在佳木斯市。在此后的整整两个月里，我们几乎衣不解带地辗转于不同的地方，甚至露宿山野。直到后来，才靠着父亲的老关系，在一位与父亲私交甚厚的中国人的亲戚的帮助下，我们成功地逃到了哈尔滨市。我永远也忘不了到达哈尔滨的那一天，那天正赶上瓢泼大雨。记忆里，那一年的冬季格外寒冷。

在哈尔滨时，我们母子住在一栋五层公寓里。一楼是那家中国人住，三楼是他们专门为我们布置的一间非常隐蔽的房间，包括我们母子在内的五家日本人几乎身贴身挤在那间狭小的屋子里，整日里连大气都不敢出一口。

过了一段时间，局势稍微稳定后，母亲剪去了一头长发，到附近的集市去打短工来维持生计。母亲外出时总是非常担心留在家中体弱多病的我，便反复严厉地叮嘱我："洋治，如果有苏联兵来，你一定要藏起来。"

这栋公寓中间有一个四周被楼房围起来的露天庭院，对年幼的我来说，这里就是最理想的游戏场所。一天，我在庭院中玩耍时，站在五楼向外张望的母亲突然慌张地大声对我叫嚷："洋治，有苏联兵来了，赶快上来躲躲！"

我原本就体弱多病，再加上逃难导致了营养不良，身体虚弱得连走路都十分困难。危急关头，我连滚带爬地上楼梯，被母亲拼命拉了上去。进了房间后，我们赶忙调暗了室内光线，与我们合住的日本人也都屏住了呼吸。此时，走廊上传来了挨家挨户进行搜查的苏联士兵的皮靴声。

没过多久，皮靴声就停在了我们住的房门前，接着就响起了咚咚的敲门声。士兵用俄语大声叫喊着什么，四周瞬间一片寂静。不久，皮靴声随着苏联士兵一起消

童年时代

失在楼梯上。

虽然我们逃过了一时之难,但生活仍然穷困潦倒。与我们一同生活的几乎都是女性,她们与母亲一样,全都剪短了头发外出打工赚钱糊口。我们在贫困中度日如年。

由于一直处于营养不良的状态,我的身体更加消瘦。一天,与我们从佳木斯一同逃难到哈尔滨的一位女性突然在我眼前死去了。前一刻,她还与我们正常说话,转眼之间,就倒地身亡,身体僵硬不动了。这让我体验到了什么是生死一线之隔。

后来我们才得知,当时在库页岛日本人处境比我们更凄惨。那时,我们过的是有今天没明天的日子。这绝非危言耸听。

父亲、母亲回国

我父亲叫大桥太郎,出生在冈山县。从长崎的高中毕业后,他就加入了普利司通公司,在创始人石桥正二郎手下做着类似秘书的工作。一天,石桥先生通知他去大连工作。于是,父亲经由朝鲜半岛去了中国的大连。开始时,他还是做着普利司通公司的工作,待到积累了大量从商经验后,开始了创业。

父亲在大连创立了太阳公司。全盛时,太阳公司在哈尔滨、牡丹江和佳木斯等地都设有分公司,发展得有模有样。看到父亲年轻有为,父亲老家的亲戚就给他做了媒,介绍的对象就是我的母亲文子。我母亲是大阪人。

结婚时,母亲哪里会知道后来的生活会变得如此艰辛。在父亲的恳求下,她渡海来到了中国大连,没过多久，就能讲出一口流利的中国话了。谁会想到，就是这个本领，对日后我们母子俩在哈尔滨的逃难生活有着极大的帮助。正可谓人生多变，命运莫测呀！

当我和母亲藏身在哈尔滨时，当然不可能知道父亲已被苏军扣留在西伯利亚了。母亲一边苦等着不知生死的父亲，一边用她那纤弱的臂膀全力庇护着我。尽管我们的日子不宽裕，但在母亲的细心照料下，我的生活过得有滋有味，不那么寒酸。我真应该感谢我那伟大的母亲。

战火告一段落后，哈尔滨成立了一个为日本儿童提供学习机会的类似学校性质的"学习会"，我也去那里开始了学习。有一天，学习会组织我们去近郊的大河边郊游。午饭时，我的饭盒里装的是小米稗子饭。那时候，别说是肉，连大米饭我都吃不上，所以吃小米稗子饭对我来说似乎很自然。但当我环顾四周时，发现周围小伙伴的饭盒里竟然装有鸡蛋！我虽然还是个孩子，但在那一瞬间，还是被贫穷深深地刺痛了。

当时，哈尔滨一带处在今天的中国人民解放军的前身之——八路军（此为作者依靠记忆的表述，真实情况待核实。)的管辖下。在集市上,母亲操着熟练的中国话与八路军战士交谈,很快就融入其中。因此,她经常能获得一些零食,像红菇茑和松子什么的,并把它们带回来给我吃。

"你回来啦!我又带回来一些好吃的。"当我从学习会回来后,母亲总是一边说着,一边把这些拿出来给我吃。那是个缺衣少食的年代,在我眼中,这就是当时最好吃的美食了。

那时,哈尔滨的局势很乱,蒋介石领导的国民革命军和八路军都在此活动过,其中最让人讨厌的就是苏联士兵。只要是我们手里拿的东西被苏联士兵看到,他们就会说:"哒哇依(给我)!哒哇依!"如果我们不给的话,他们就会从我们手中抢去,最后只丢给我们一句"欧其哈拉臊(非常好)"。

与这些人相比,后来接管这片土地的八路军就和蔼多了,他们大都非常年轻,也没给我们留下什么不好的印象。让我们藏身于哈尔滨并照顾我们的人是父亲办公司时受父亲雇用的一位中国人的亲戚。因此,在这里的无数经历让我至今对中国和中国人都有一种难以割舍的特殊情怀。

在哈尔滨的隐遁生活大约持续了一年。1946年秋天，母亲依靠着一口流利的中国话，不知从哪里打听到了有轮船在葫芦岛接日本人回国的消息。

归国之途充满艰难险阻，甚至眼看快到日本时，命丧黄泉的大有人在。归国者中，大都是像我们这样在中国险些丧命的逃难者。由于吃不饱，我们的身体都十分虚弱。回国的轮船上一旦出现死难者，活着的人就会东拼西凑地给他做一副简易棺材，然后投入水中进行水葬。轮船围绕着水葬的棺材转上一圈，大家合掌为亡灵祈祷。

也许是为了一扫笼罩在船上的沉闷气氛，有一次，一位坐在我身旁的同船乘客对我说："洋治，唱一首歌吧！就唱那首《苹果之歌》吧！"

这首歌是并木路子的歌曲，明快的曲调代表了日本人从废墟中努力复兴的心境。那时，这首歌也传到了留在中国的我们这群人的耳朵里。我虽然还是个孩子，但望着越来越近的故乡，面对思乡的人们，便站在装苹果的木箱上，大声地唱着："红红的——红苹果……"

经历了千难万险后，我们母子终于平安地踏上了日本的土地，这一天是 1946 年 11 月 18 日。从遭受苏军进攻开始到拼命逃亡，算下来，我们一共度过了一年零三个月。

父亲、母亲与我的合影

故乡冈山县

回国以后,我与母亲暂住在父亲的家乡冈山县,我也高兴地上了当地的砦部小学,遗憾的是只上过一天课。也许是因为在中国的生活极度贫困,回国后的我看见什么都拼命吃,所以吃坏了身体。当然,确切的原因我也说不上来,就是一直腹泻。就是在这种身体状况下,我上了小学,可第二天就发了高烧,校方立即下令禁止我入校。时至今日,我仍记得课本上的那一行字:"樱花呀,樱花呀,盛开的樱花。"

人体的构造真是太奇妙了,尽管我身体虚弱,听力却异常灵敏。一天早上,我像往常一样卧床不起,不经意间听到了走廊那一边传来的母亲与祖母之间的对话。

"洋治看来是没治了。"讲这话的是祖母。但有一天,她不知道从哪里搞来了青霉素。注射后,一切都变好了，一个月后，我就能下地走路了。从那以后，我的身体越来越好，第二年4月份，我终于再次成为小学一年级的学生，并很快地融入了冈山县的这片土地。

小学二年级时，我们搬到了备中高梁，我也转入了高梁北小学。此时的我已不再是那个营养不良的瘦弱小孩子了，身体长得十分强壮，变成了一个淘气顽皮的少年。一天，高年级学生讥笑我不会游泳，还把我推进了河里，使我饱受屈辱。为了证明自己，我在家里的榻榻米上苦练自由泳，终于完全掌握了游泳技能。从此，我就经常去高梁河里戏水。

从小学六年级的第三学期开始，我们被编入了冈山大学教育学部附属小学，我也有幸结识了恩师奥田实先生以及一生的挚友川端正男、高桥淳三和伊吹十字等人。

其实，在我上小学之前，父亲就结束了长达两年的西伯利亚拘押生活，奇迹般地回到了冈山县。那时，对于年幼的我来说，每每想起父亲就感到他是"最恐怖的存在"。父亲身体最强壮时，体重远远超过100公斤，他还以柔道四段自居。当然，我还听说过许多他勇斗歹

与高粱北小学同学的合影

徒的故事。据说，在中国东北时，他多次与马贼（骑马抢劫的盗匪）切磋武艺，偶尔也会上演把对方打倒在地的获胜场面。在我的印象中，他是一个思想趋于保守的人。

当听到父亲回国的消息时，我还在三重县疗养，母亲即刻带着我飞一般地回到了冈山县的家中。好不容易挤进装满复员兵的火车，终于回到家乡的父亲，看上去十分消瘦，完全像变了一个人。不仅外表上，父亲的内心也发生了很大的变化：他从来不谈在西伯利亚时的事情，也根本不愿意去靖国神社参拜。父亲从未表示过去靖国神社参拜的念头，活着的时候，经常把"不应该发动战争"挂在嘴边。

就这样，我们实现了与父亲激动人心的重逢。再见时，我与母亲谁都没掉下一滴眼泪。对母亲来说，父亲早已是战死的人，因此对他的归来根本就不抱任何希望了。而那时的我，只是呆望着父亲那张陌生的面孔。

学生时代

小学毕业后，我直接上了冈山大学教育学部附属中学的初中部。在那里，我结识了后来成为一生知己的藤江实、平木健二郎和井上光弘等人。也是在那里，我进入了学校的游泳俱乐部，我认为自己属于那种游得快的人。时至今日，我依然认为，如果能坚持下去，自己在游泳方面肯定会走得更远。

阴差阳错地，上高中后，我敲开的却是柔道俱乐部的大门。那时，男生最喜欢的体育项目是棒球和柔道。顺便说一句，我上的冈山朝日高中当时是县里数一数二的柔道名门高中。我为什么会转入柔道俱乐部？其实也没什么确切的理由，或许是受到了父亲黑带四段的影响吧。总之，事实就是我的确从游泳俱乐部闪电般地转入了柔道俱乐部。

柔道训练相当苦。我们学校柔道俱乐部的拿手技法是寝技，每次训练时，我都会被"蟹夹"这种绞技紧紧缠住，不止一次差点被对手夹晕过去，以致每次都需要被人唤醒才能恢复意识。训练期间，这种野蛮粗暴的训练方式我不知重复了多少遍。

母亲对我参加柔道训练一事坚决反对，理由很简单，就是"柔道服太臭了"。当然，以柔道家自居的父亲对此不仅举双手赞成，还会在暗地里悄悄帮助我训练。高一时，我曾与父亲在家里过招。当我用脚绊住父亲大腿内侧把他勾倒，用体落技法将父亲摔倒时，心情真的是无比爽快。

刚开始时，我对柔道非常狂热，但不到一年我就放弃了。原因是冈山朝日高中柔道俱乐部有一个规定，禁止学生毕业前考柔道黑带。尽管这不是全部理由，但我还是从第二年就放弃了柔道，从此不再参与俱乐部的一切活动，转而把精力都投入到了升学考试上。

那时，我父系堂兄弟和母系表兄弟大约有40人，堂兄弟大都考上了国立大学，表兄弟则大都升入了庆应或上智等私立大学。我选择了表兄弟们喜爱的庆应义塾大学，原因是与我关系最好的表兄上的是庆应义塾大学。自然，在我心中，能上庆应义塾大学是最有面子的。

可是，话又说回来了，在此之前，我每天从早到晚几乎都沉迷于俱乐部活动，根本没时间学习，即使到了高三，我也没好好学习过。果不其然，我没能考上期望已久的庆应义塾大学经济系，只能选择复读。

实际上，在我高三本应该全力以赴准备升学考试时，家中发生了一件大事。

父亲从西伯利亚回来后，为了养家糊口，干了一段时间的烧炭工作。之后，他受邀进入了本地一家银行。我高三时，他已升为该行的常务董事。就在我高三的第二个学期，在我即将迎来升学考试的10月份，有一天，警察突然闯进了我家，抓走了父亲。父亲被捕的理由是他供职的那家银行有非法融资的嫌疑。

在我的记忆中，该疑案应该发生在两年前，那时，父亲恰好因患肺病在医院住了两个月。正因为如此，才能在时间上证明父亲是清白的。但对于正处在青春叛逆期又面临升学考试压力的我来说，父亲被捕一幕犹如晴天霹雳，对我打击太大了，让我情绪十分低落。

闯入家中的警察甚至连我书包里的文具盒也没放过，都一一仔细检查。"他们为什么非要这么做？"我对这种蛮横的态度非常反感，以致心灵上受到的伤害至今难以释怀。由于静不下心来学习，即将到来的升学考试必然受到了影响。但是，面对报考庆应义塾大学的失败，我反倒更加坚定了决心。

"我要去东京！去那里专心复读！"

下定决心后，我向父母谈了自己的想法。当时，围绕父亲的风波尚未结束，家中的经济状况并不乐观。尽管如此，父母也没表示异议，而是想尽一切办法为我筹集了去东京复读的资金。

1959年4月，我独自一人去了东京。那个时候，恰好是当时的皇太子殿下与正田美智子从订婚到完婚的庆典期间，东京街头到处洋溢着"美智子热"。但那时的我根本没有心情去关注这股热潮，而是每天躲在世田谷区赤堤专门为落榜生准备的宿舍里，一头扎进书本中。我尽管是落榜生，但想报考的大学只有庆应义塾大学一所。终于，我实现了"一定要上庆应义塾大学"的愿望，1960年春，我考上了庆应义塾大学法律系。

柔道俱乐部时代

庆应义塾大学与恩师

也许是从小就喜欢大海的缘故，在庆应义塾大学学习期间，我敲开了划艇俱乐部的大门。说句实话，我在高中期间曾梦想当一名水手。当然，也有可能是因为与我关系最好的那位表兄参加了划艇俱乐部。说起来，我父母应该是抱着希望我能"治理太平洋"的想法，才给我起了"洋治"这个名字吧。总之，各种因素加在一起，让我最终走进了划艇俱乐部。

加入划艇俱乐部后，我每天的任务就是加强体能训练，主要是练习蛙跳、仰卧起坐，以及独自驾驭单人艇。在日本高校中，庆应义塾大学属于划艇方面的名校，虽然训练相当苦，但内部关系十分融洽。我在这里度过了只有学生时代才能独享的一段快乐时光。

当时，千叶县的岩井海滨是庆应义塾大学划艇俱乐部的训练场地。每次训练时，我们都是去时乘火车，回来时把赛艇划到横滨后上岸返校。那时，庆应义塾大学划艇俱乐部拥有一艘名为"弁庆号"（强者之意）的快艇，而我们也就成了女生心目中的强者。我曾亲眼见过一位非常有名的演员的妹妹给我们划艇俱乐部的前辈送花。那种平日里难得一见的场面实在激动人心。

由于我从早到晚都忙于参加俱乐部的活动，因此忽视了对学生来说最重要的学业。期末，我只有 8 门功课取得了 A，而周围的同学最少也有 20 门功课取得了 A。"我应该抓紧学习，多拿一些 A 了。"我一边恨自己不努力，一边深刻反省了过去一年自己的所作所为。就这样，我进入了大二，迎来了人生中最重要的一次邂逅——我有幸结识了恩师石川忠雄先生（后来担任庆应义塾大学校长）。

石川先生教授的是中国共产党党史。讲台上，他侃侃而谈，让我激动不已。带着对他的敬佩，我一下课就跑去教员室拜访了他。

见到石川先生后，我开门见山地说："我对您的课很感兴趣，想加入您的研究会。"石川先生听后，说：

"如果你真想参加,那必须听我的话!"我立即答道:"那是肯定的。"先生又说:"首先,每堂课都不能落下。"他顿了一下,接下来的话让我大吃一惊:"你不能再参加划艇俱乐部的活动了,必须按时到校上课。"

选择划艇还是选择石川研究会,我被置于两者必取其一的两难境地。最终,我义无反顾地放弃了划艇俱乐部,从此专心学业。到了大三时,我已经有30多门功课取得了A。

与过去相比,我觉得自己已经相当了不起了,但与那些成绩好的学霸相比,我还差得很远。他们每个学期至少有40门功课获得A,并且毕业时都能找到一份一流银行的工作。那时的我并不出类拔萃,只能说经过了自己的努力刚刚成为一名"正常"的学生。这一次转变却成了我人生中最重大的一次转折。时至今日,我依旧刻骨铭心。

终于,我加入石川研究会了。在每年举办的定期集训上,也许是因为与学生们在一起让他感到心情放松,石川先生好几次都喝高了,在我们面前烂醉如泥,给我留下了许多美好回忆。毕业后,我还多次就中国的未来以及日中两国关系的发展请教过石川先生。这一切仿佛是昨天发生过的事情，至今我记忆犹新。

石川先生的人脉遍布日本的政界、经济界和学术界，织成了一张强大的关系网。多少年之后，我当上了全日空的社长。一天，我去拜访石川先生时，桥本龙太郎先生忽然不打招呼就闯了进来，着实让我大吃一惊。参加石川研究会的成员中，有一位晚辈叫国分良成，他后来从庆应义塾大学转到防卫大学担任校长。如今，他已成为日本研究中国问题的第一人。

石川先生是我最尊敬的恩师，但有一件事他让我尴尬了一辈子。在我准备加入全日空时，他不留情面地质疑我："你为什么要进那种地方？"事实上，先生一生都是铁杆的"日航派"。在我担任全日空成田机场支店长期间，我曾几次恳求先生："哪怕一次也好，您就坐一次我们全日空的航班吧！"于是，先生有一次从纽约回国时，真的特意选择了全日空航班。抵达成田机场后，他故意笑着对我说："呀哈，原来你小子是在这里上班啊！"在那之后，他还乘坐了一次全日空航班。后来，因为身体状态欠佳，他就再也没有走出国门。

第二章 进入航空公司工作

入职全日空

在石川忠雄先生的指导下，我的毕业论文选题是《论中日贸易》。为此，我向曾在中国东北开过公司的父亲征询意见，他告诉我："你最好去找签订过LT贸易（中日备忘录贸易）的冈崎先生，听听他的建议。"冈崎嘉平太先生是日本直升机运输公司与远东航空公司合并成立的全日空第二任社长。

那时，全日空租借了东京新桥的飞行馆（重建之后改名为航空会馆）的一至四层作为总部办公地。从梅雨季节到初夏时分，我几次登门拜访。终于有一天，社长办公室的大门向我敞开了。由于办公室的大门正对着电梯间，我进去时正好看到有人在和冈崎先生讲话。

冈崎先生似乎不大介意这位连招呼不打就大大咧咧走进办公室的学生，谈话间隙对我说："欢迎你来！"那次，我们交谈甚欢。直到写完毕业论文，我至少去过五次全日空社长的办公室。

后来，我才得知，曾在日本银行工作过的冈崎先生认识我父亲，冈山县也是冈崎先生的老家，因此，他对老家的情况以及父亲在冈山县发生的那些事情都了如指掌。父亲卸任后，冈崎先生曾担任过三和相互银行（现番茄银行）董事长一职。

冈崎先生与周恩来总理等中国领导人关系密切，是日本对华关系的奠基者之一，对中国有特殊情感。譬如，冈崎先生曾立场鲜明地指出"长崎国旗事件"错在日本。

该事件是这样的。1958年4月30日，日中友好协会长崎支部在长崎市洪屋百货公司四楼举办"中国邮票剪纸展览会"，会场按惯例悬挂两国国旗。5月2日下午，两名日本右翼团体成员闯进展览会会场，扯下了悬挂着的五星红旗。这是一起严重损害中国尊严的政治事件。面对这一事件，岸信介政府并没有以正确的态度妥善处理，弥合两国关系的裂痕，而是继续采取敌视中国的政策。最终，"长崎国旗事件"导致日中之间的贸易活动被迫中断了两年。

全日空推进日中关系的态度积极，再加上正派的企业风气，让我慢慢喜欢上了它。于是，有一天我直接询问冈崎先生："我如何才能进全日空工作？"

"你需要参加公司的录用考试。"

我接着问："您能推荐我吗？"

冈崎先生说："当然可以，但你必须先靠自身实力突破重围。"

就这样，我按照他说的参加了录用考试，成功地被录取了。

正如我在前言部分讲述的那样，冈崎先生平日里喜欢说的一句口头禅是："我是全日空的社长，但也要兼顾对华工作。"实际上，站在更广阔的视角来看，我认为他终日为中国和未来中日关系的发展费尽心思。曾发生过这样一个与冈崎先生有关的、在日本也很出名的插曲。在全日空发生空难事故的当天，冈崎先生正出访中国，而此次访华与全日空业务毫不相干。对此，当时的日本首相佐藤荣作大动肝火，威胁让他辞职，但冈崎先生说："我不会为此辞职。"正面顶回了他。

我出生于中国，因此自然会对冈崎先生的这种行事方法产生共鸣；但"坚持向中国一边倒的做法真的行吗"，这种疑虑也一直无法从我的脑海中抹去。但不管怎么说，直到今日我依然认为，自己能与冈崎先生相知相遇，只能说是命运的一种巧妙安排吧。

说句实话，那个时候，我父亲已经为我选好了几家就业单位，排在第一的就是他曾经工作过的那家由石桥正二郎领导的普利司通公司。之后他让我参加明治生命公司的录用考试。无奈，我只能按父亲的意愿勉强参加了明治生命公司的录用考试。不出所料，我收到了录取通知书。之后发生的事让我多少有些"忘恩负义"，我谢绝了明治生命公司的好意，以至于当时的明治生命公司社长把我直接叫了过去，当面训了我一通："你小子脑袋是不是有病！"

过程虽然坎坷了一点，但我还是如愿以偿地进入了全日空。那时，全日空还只是一家年销售额不足百亿日元的小公司，但我觉得前途一片光明，心胸无比敞亮，就好似晴空万里一般。

新员工时代

1964年的春天，我正式跨入了全日空的大门，被分配到位于羽田的总公司供给部采购供应科工作。按常理，新员工都应该被分配到总公司以外的地方分公司或营销部门工作。当我得知自己的新岗位时，感到十分惊讶，等了解到供给部属于那种逐一清点物品再分发下去的后勤部门后，更是变得失望至极。

当时，供给部的部长是川端清一，副部长是飞行员出身的冈嘉吉，而真正管理部内工作的却是排行老三的藤原享一科长。后来听说，就是这位藤原科长向总公司提出要求，希望分给他一些有培养前途的年轻人。于是，我与另一位名叫三桥启一的同期新员工被分派到这里工作。但我至今无法确定此话的真伪。

藤原科长也毕业于冈山朝日高中，属于我高中的前辈。他的办公桌就在我前面一点点。每天早晨上班后，他第一件事就是坐到办公室最里面的沙发上问我："大桥，今天英镑的汇率是多少？"天天如此，自然而然地让我对外汇市场变得特别敏感了。那个时代，美元对日元是1美元兑换360日元，英镑对日元是1英镑兑换1080日元。

问完汇率后，他会问些其他问题。有时会问我："现在，去油抹布每千克多少钱？"我答道："90日元。"他接着问："城里产的抹布与农村产的抹布相差多少钱？"一般来说，那时城里生产的抹布颜色白、品质好，而农村产的颜色稍微发黑，价格相对便宜。但在去油污效果上，农村产的反而更好。当我每次终于领悟了藤原科长的话中话时，他就会得意地笑着说："现在你终于明白了其中的奥秘吧。"

就这样，我在不知不觉中把藤原当成了人生奋斗的榜样。作为前辈，他虽然严厉了一点，但对人十分友善，特别是一直都很关照我。那时，藤原与父母一起生活，还时常热情地邀请我去他家里做客。有一次，我竟厚着脸皮在他家里泡了个澡，还把浴室里的沐浴液几乎用光了。我洗完澡后，藤原发现沐浴液没有了，就笑着骂道："是你小子把我家的沐浴液全都糟蹋了吧！"这件事给我留下了难忘的回忆。

青年员工时的我（后排左一）

那时，全日空正筹划未来的民航市场，考虑引进新式大型客机。当时，全日空的主力机型是波音公司生产的 B727-100 型客机，这些飞机都是公司于 1964 年从美国西南航空公司租借过来的标准机型，每架飞机可乘坐 128 名旅客。5 年后，我们引进了波音公司生产的、可乘坐 100 人左右的 B737-100 型客机。

我们的下一个目标是选购可乘坐 200 人以上的大型

客机。可以说，这是影响公司命运的一件大事。当时，摆在我们面前的有三种选择，都是美国的飞机制造公司：洛克希德公司生产的 L-1011、道格拉斯公司生产的 DC-10 和波音公司生产的 B747。

1970 年 1 月，我去美国接收 B737 型客机，并顺道拜访了上述三家公司。拜访中，三家公司用不同的方式热情地欢迎了我。特别是波音公司还让我试乘了 B747 型客机。遗憾的是，因为当时的日本航空公司（以下简称"日航"）已决定引进 B747 型客机，所以该机型最终并没有纳入我们的选择范围。我们只能把选择目标放在洛克希德公司生产的 L-1011 型客机和道格拉斯公司生产的 DC-10 型客机上。

藤原作为采购供应科科长，是本次机型选定工作的核心人物之一。他身上散发出的气息强烈地感染了我，使得年轻气盛的我从内心热烈地期盼着能早日落实大型客机的采购工作。1970 年春，在我因工作调动即将离开供给部之际，这种迫切心情促使我在会签文件上写下了"Go Ahead"（前进吧）这句话。此时的我万万不会想到，这句话后来给我惹来了天大的麻烦。

羽田事故

那天下午，我罕见地五点就离开公司回到了宿舍。休息了一会儿后，我感到肚子饿了，就去附近的一家荞麦面馆要了一份砂锅炒面。面条尚未端来，我看着吊在房间中的电视机打发时间，突然被屏幕上出现的一行字幕吸引了。我仔细一看，字幕说的是全日空航班去向不明的内容。

我知道出大事了，急忙赶回宿舍。果不其然，许多人都抢着告诉我："公司来过许多电话找你。"我急忙打了一辆出租车飞奔到公司总部。这时，总公司的人基本上都到齐了。

"JA8302 航班去向不明。好像是在羽田近海附近……"

聚集在公司里的同事们都得知了上述情况。上司命令我立即奔赴竹芝栈桥。该事件发生在 1966 年 2 月 4 日的傍晚时分。

外边天寒地冻。我到达竹芝栈桥时，一位公司前辈正在现场充当临时指挥。他因是日本大相扑鹤岭（元关胁寺尾的父亲）的亲戚而在公司里小有名气。他见到我后，指示我："你的任务是把遇难者的遗体护送到临时安置所。"我按照他的指令一直候在现场，直到凌晨 4 点才开始从羽田搬运遗体。

运来的遗体脸上和上半身都整齐干净，仿佛人还活着一般，但由于猛烈的坠落冲击，腹部以下的伤情均十分严重。

这次飞行，使用的机型是最新的 B727-100 型客机，起飞地是北海道的千岁机场，目的地是东京的羽田机场。出事时，飞机在木更津骤然下降，然后直接坠入大海。包括机组和空乘人员在内的 133 名遇难者中，大部分是在北海道札幌参加完冰雪节后返回东京的旅客，许多人都是肩负日本未来的年轻人。按照当时的标准，这次空难在单架客机的空难事故中属于严重事故一类。

遗体安置点被临时设在东京塔附近一个叫"增上

寺"的寺院里。公司命令我将遗体安全护送到安置点，还告诉我一定要让警察先到场验尸。所以，每次搬运遗体时，我都会从竹芝栈桥跟随到增上寺，然后让警察在增上寺验尸。在对28具遗体进行检验时，情绪激动的遇难者家属们几度要闯入现场。我非常理解他们的心情，面对突如其来的噩耗，他们想尽快见到遇难者的愿望无可厚非，但从职责上讲，我必须先让警察尸检。不得已下，我多次用自己的身体挡住了那些想冲进验尸房的遇难者家属，一边忍受着他们的打骂，一边拼命地低头告罪。

等我接到可以返回总公司的命令时，已经到了次日傍晚。身心疲惫至极的我回到公司后，直接倒在临时搭建的满是灰尘的床上睡着了。第二天一早醒来后，我又立刻返回竹芝栈桥参与事故的善后工作。终于等到可以回家脱去沾满血迹的衣物时，已经是事故发生后的第三天了。

对全日空来说，这回是第三次大规模涉及机毁人亡的空难事故了。第一次发生在1958年的下田；第二次发生在1963年，是合并方藤田航空公司在八丈富士发生的飞机相撞事件。在羽田事故以后，全日空航空公司于1966年在松山发生了坠机事故；1971年，在岩手县的雫石发生了与自卫队军机的相撞事故。

处理事故期间，我多次往返于竹芝栈桥与增上寺之间。那时，公司组织的另一支团队为我们送来了白米饭团，我竟毫不顾忌地用沾满血迹的手直接抓起，不管不顾地将其放入口中大嚼起来。刚刚我还目睹了那些与我年龄相仿的年轻人的死，现在口中嚼着白米饭团就意味着我还活着，换句话说，这就是活人的象征。

从第五次"雫石事故"发生以后，全日空就再也没有发生过机毁人亡的空难事故了。时至今日，只要我一看到白米饭团，眼前就会浮现出在事故中的那些遇难者，我向他们发过誓言并时刻提醒自己："作为航空公司，我们绝不允许剥夺宝贵生命的空难事故再次发生！"

斗转星移，时间到了2007年。为了向全体员工表达我杜绝空难事故再次发生的坚定信念，作为董事长的我采纳了年轻员工的建议，在东京设立了"ANA集团安全教育中心"。2019年10月，该机构搬迁至ANA集团综合训练中心，改名为"ANA Blue Base"。这里保存和展示了包括羽田冲事故在内的所有空难事故的全部资料以及飞机残骸等。我希望全日空的全体员工都能到此参观，认真反思每次事故的根源，积极思考防止事故发生的对策，时刻提高自身的安全意识。

坠落在羽田、漂浮在海上的部分飞机残骸

结婚

1970年春,我离开了熟悉的供给部采购供应科,被调到航务部管理科工作。我有一个从小就特别喜欢我的叔父,他生来体弱,那时恰好在庆应医院住院,我就去医院探望他。他住在特别护理室由护士们专门护理,因为天生就属于那种善交际的人,他很快就与护士们熟络起来。

"清子,介绍一下,这位是我的侄子洋治。"

一天,在病房里见到叔父后,他就把我介绍给了专门护理他的护士。这就是我与后来成为我妻子的小林清子的第一次相遇。

命运真是太不可思议了!在与她交往中,我忽然患上了虫垂炎。刚开始时,我误以为胸闷是因为工作忙累的。那时我刚30出头,自认为是年龄上到了身体该发生某种变化的转折点了。在发病之前，我曾邀请清子吃过一两次饭。也许是因为熟了，我就不客气地把自己身体不适的状况讲给了她。她听了之后立即说道："你可能得了虫垂炎。"

清子毕业于庆应义塾大学医学部附属厚生女子学院（现看护医疗学部），在医院里负责特殊病房的护理工作。在她的介绍下，我紧急住进了庆应医院并成功进行了手术。住院后，我理所当然地享受着清子的照顾。住院期间，我还与前来探病的朋友一起偷偷喝过威士忌，对这种不老实的病人，清子不仅没瞧不起，反而关照有加。

"能与这样的人结婚，自己肯定会幸福一辈子。"不经意间，我脑海里产生了这种念头，回过神来我已经向清子求婚了。我们交往的时间并不长，求婚也突然，幸好清子当场就答应了我的求婚。于是，1970 年 6 月 7 日，我们结婚了。

妻子虽然出身于福岛县的白河市，但那时她的打扮比较时髦。第一次约会时，她就穿了一件超短裙，给我留下了很深的印象。在普通人眼中，像我这种毕业于庆应义塾大学、在全日空工作的人，谈恋爱的经历肯定十分丰富，但事实上我除了在高中时代有过那种酸溜溜的感觉外，几乎没有真正接触过女性。即便是走上社会后，我也从未有过"桃色新闻"。所以，在我们交往期间，清子表现出的那种天真无邪、活泼开朗的样子，在我看来有趣新颖且魅力十足。

为了我的未来着想，父亲似乎曾考虑过几门亲事。订婚后，当我把清子介绍给父亲时，他脸上明显表现出不悦，对我说："你为什么要着急结婚？"让我当场下不来台。尽管如此，我们结婚后，他还是经常去亲家家中拜访，也很体贴和照顾我们小两口。新婚旅行我们选择了九州南部，游览了雾岛、指宿等旅游胜地后，从鹿儿岛返回了东京。

结婚第四年，儿子洋平出生了；第五年，女儿文子出生了。为给儿子起名，我绞尽了脑汁，最后从自己的名字中取了"洋"字，从冈崎嘉平太的名字中取了"平"字，为他起名"洋平"。最终，儿子和女儿都没有进入航空业工作，我觉得这样反倒更好。

儿子毕业于神户大学，继续修完硕士后移居了英国,目前在剑桥的研究所从事生物工程的研究工作。也许是遗传了我的基因,女儿从小游泳就好,在近畿大学附属高中时,与参加过巴塞罗那和亚特兰大两届奥运会的著名选手千叶铃同属一个游泳俱乐部,还共住过一个房间。

自我与清子结婚到我被调往纽约工作,我几乎没管过家务事。妻子不仅抚育了洋平和文子,让他们事业有成,还一手操办了所有家务。今天,我们又有了两个孙辈,所有这一切全都托清子的福,我打心底里感激她。

我与清子在九段会馆举办了婚礼。来宾中有冈崎嘉平太先生,当然,我也给在采购部供应科时特别关照我的藤原享一科长发去了邀请函,但举办仪式前不久,他突然告诉我:"对不起!我有事参加不了……"虽然我也觉得有点怪异,但因为忙于筹备婚礼也就没太往心里去。实际上,那时那件足以颠覆昭和时代的大事件初现端倪。现在回想起来,参与全日空飞机采购计划的藤原等人此时应该正忙于制定各种应对措施。当然,那时的我对此事浑然不知。

与妻子清子在结婚仪式上

洛克希德事件

1976年2月4日，在美国参议院外交委员会跨国小组听证会上，美国洛克希德公司副董事长科赫证实曾通过日本代理商丸红公司就全日空进口该公司生产的客机一事向日本政要赠送了巨款。这就是后来闹得沸沸扬扬的"洛克希德事件"。此事一经披露，立即在日本掀起轩然大波，不仅所有舆论媒体聚焦于此，在政界也引起轰动。在2月7日召开的众议院预算委员会会议上，时任日本首相三木武夫当即表态要彻查此事。

被视为该事件核心人物的是田中角荣以及他的"刎颈之交"小佐野贤治（国际兴业公司社长）、在政界拥有广泛人脉的儿玉誉士夫以及当时在政界初露锋芒的自民党干事长中曾根康弘（后担任过日本首相）等人。在相关嫌疑人中，全日空的核心人物——全日空社长若狭得治的大名也位列其中。

该事件发生前,全日空只有极少数人知晓此事。那时,羽田冲事故的余波未平,公司内部人心浮动。事发之时,我"稀里糊涂"的,什么都不知晓。

在我的记忆中,若狭社长的确是选择了洛克希德公司生产的L-1011客机(俗称"三叉戟"),但我认为他的选择完全是从技术角度出发的。L-1011客机的劲敌是美国道格拉斯公司生产的D-C10客机,二者都是三星式客机。"选择洛克希德公司生产的L-1011客机,是我们在仔细研究和详细对比基础上做出的最后决策。"若狭社长是这样对公司上下说明的。我觉得这就是事实。在这件事上,他根本就没有做手脚的余地。此时,曾当过我的科长,手把手地教我工作并应邀准备参加我婚礼的藤原享一已晋升为董事兼经营管理办公室主任,被视为未来社长接班人的苗子之一。因他也深度参与了本次机型的选定工作,因此也是被怀疑的对象之一。从那以后,他被深深卷入该事件的旋涡中不能挣脱。

检察院对全日空的调查,涉及的范围很广,不仅涉及像若狭和藤原等高层领导,一些从事具体工作的年轻

在洛克希德公司生产的 L-1011 客机模型前合影

同事也被以协助办案调查为名被叫到检察厅问讯。被传唤的同事中，有相当一部分人遭受到了心灵上的打击，至今还有人只要一谈起当时的情景就不由得泪湿眼眶。

"你也快被叫去了……"

不知不觉中，我也受到了这股风暴的袭扰，但直到最后时刻我也没被叫去过。准确地说，在该事件中，只有我那杂乱无章且堆满文件的办公桌遭到过搜查而已。当然，我不可能有与该事件关联的任何资料。因为从我这里没有任何收获，负责搜查的检察官相当生气，无端地对我发火："看你也不像是干正经事的人，竟有这么多酒吧和夜总会的名片！"我仿佛记得，当时的自己一脸无奈，只能以苦笑应对。

后来，我曾被若狭一方的律师团要求出庭作证，我接受了他们的请求，内心提醒自己出庭时千万不要说错话。一站在证人席上，我却感到异常紧张，这时，该案检察官突然发问道："'Go Ahead'是什么意思？"

此事我在前面已讲过。这句话是我在新员工阶段，也就是即将离开藤原领导下的采购部供应科时，在会签文件上写下的，表达了我期望全日空在不久的将来向国际航线进军的强烈愿望。我想表明的是"为开辟国际航线，全日空是时候尽快引进大型客机了"。毫无疑问，这是我写的，也是我绞尽脑汁想出来的一句肺腑之言，更是一名年轻员工向公司表达自己真挚情感的一份"檄文"。

教训

被视为全日空"中兴之祖"的若狭得治在公司享有很高威望。1969年,他从运输省(现改称国土交通省)副部长的岗位退下来后,担任了全日空顾问一职。翌年,他又改任了全日空社长。他满脑子装的都是全日空如何开通国际航线,为全日空新设国际航线包机以及货运班机奠定了坚实基础。因此,时至今日我仍然坚信,在某种意义上,他才是全日空历史上无可争辩的第一功臣。

但在1979年11月的一天,若狭社长成为被告人站在了洛克希德事件的法庭上。那天,我作为证人站在证人席上接受了检察官的严厉质询。我在供给部工作时留在会签文件上的那段告白受到了检方的调查。对我来说,"Go Ahead"是我因心系全日空的未来,为了促进大型客机的采购工作而写下的话。但检察官怀疑这句话另有他意，反复执拗地追问我："这句话，你到底想表明什么意思？"检察官凶神恶煞般的眼神狠狠地直盯着我看。其实，我早就下定决心要把这段话中自己想表明的意思在法庭上如实地讲述出来。

"自'45·47体制'确立后，全日空的当务之急就是要引进大型客机。"面对检察官，我做出了上述证言。

所谓的"45·47体制"，是指日本政府在把国际航线和国内航线全部交由日航运营的基础上，只把个别国内航线和某些特定航线交给全日空运营和只把某些特定航线交给东亚国内航空（当时）运营的由政府主导制定的航线分配方案。分配方案以昭和四十五年（1970年）的内阁会议纪要以及昭和四十七年（1972年）运输大臣颁布的通告为基准，民航界有关人士取了这两个昭和年的数字，把它称为"45·47体制"。

我想，也许检察官是想从我的会签文件记录中找出我在机型选择上故意偏袒洛克希德公司的证据吧？但对我来说，除了为全日空的未来着想，这段话别无他意。我努力地向检察官解释："我完全是从全日空发展战略的角度上考虑，觉得全日空是时候加快大型客机的选型速度了。"我认为自己完全履行了一位证人应尽的义务。

说点题外话。在该事件被炒得沸沸扬扬之际，检察院从我的办公桌里拿走了几个物件，最终也没有归还给我。其中有一本过期作废的护照，上面盖有我入职后不久第一次受命去海外出差时出访波音公司和本次事件发生地洛克希德·马丁公司时的出入境章。对我来说，这本护照具有特殊的纪念意义，正是这次出差才促使我产生了在会签文件上写下"Go Ahead"的动机。遗憾的是，它再也没能回到我的手中。

那次作证时，若狭社长坐的位置离我稍微远了点，我几次望向他，竟然看到他像在自己公司里开会时一样，若无其事地打着瞌睡。我出庭作证后一次偶然的机会，他向公司的法务部长透漏了对我这次作证的看法，他说道："大桥就说了这些吗？"我听说后觉得有点委屈，心中一直都为此犯嘀咕："自己的确是为了若狭好，才狠下心来出庭作证的，万万没想到……"

在该事件发生期间，以社长为首的公司高层领导几乎人人都被拘留过，社会上不断传出"全日空恐怕要倒闭"的流言。但与人们的猜测正相反，公司内部异常地安定团结。在若狭担任社长期间，深受他重视的机组空乘工会和普通员工工会共同喊出了"解救若狭和拯救公司"的口号，大家更加团结一致了。受该事件影响，原海上保安厅长官安西正道接替若狭成为全日空社长，公司上下同仇敌忾，都表示出了愿意"团结在安西社长周围共渡难关"的坚定决心。

与若狭社长有关的趣事很多。他平日里总是穿着一身皱皱巴巴的西装，饭后也不讲究，经常用领带擦嘴。就是这样的一个人，在本次事件中获得两项罪名，一个是违反外汇法，另一个是违反议会证言法。1992年，他被最高法院判处有期徒刑三年，缓期五年执行。

当然，我们一定要严肃面对犯罪事实，认真反省犯下的错误。但当时，公司里认为"我们并没有做过对不起广大旅客的事"的声音却占了上风，所以，当若狭被从位于东京小菅的拘留所放出来时，以我为首的一批志同道合的年轻人专门去迎接他，当着他的面大喊道："您千万不要辞职！"

那天，在我们这些志愿者的簇拥下，若狭回到了自己的家中。那时，包括我在内的这帮人似乎都有了一种视死如归的感觉。不知是中了什么邪，当我到达若狭家后，猛然把脑袋撞向他家车库的柱子上，引发了一场"流血事件"。看到我这副样子，若狭也不由得"啊"地惊叫了一声。

洛克希德事件给公司留下了许多沉痛教训，我本人也深深地体会到：航空公司的首要任务就是重视安全和让旅客放心，因此，在做任何决策时，都必须做到透明和公正，老板"一言堂"的管理体制最终必将酿成惨痛恶果。从那时起，我就一直将这些铭刻在心，不敢稍有遗忘。

第三章 忙碌的日日夜夜

国际航线通航

1978年，当全日空还处在洛克希德事件的余波中时，新建在千叶县的成田新东京国际机场落成了，成为日本通向世界的新窗口。对于期盼开通国际航线的全日空来说，这是一个天赐的良机。实际上，全日空真正飞向海外的时间还要再往后拖上几年，应该开始于1986年。如果没有发生洛克希德事件的话，全日空开通国际航线的步伐至少会提前5年时间。但历史没有"如果"，哪怕是今天，只要一想到这些，我们还是悔恨不已。

从20世纪70年代后期到80年代前期，我的职位不断变化，担任过人事部劳务第一科科长、工资科科长以及航务本部机组空乘业务部副部长等职。特别是在人事部工作期间，我积极参与与机组空乘工会、普通员工工会之间的劳资谈判工作，从中学到了许多与工会组织打交道的经验和手段。在这方面，冈崎嘉平太先生是我的导师。

冈崎先生在担任社长期间，曾对我说过，劳资谈判的关键在于认真倾听对方的意见。他还建议我有时间去谈判现场观摩一下。于是，我就去了谈判现场，眼前的情景是旁听的工会会员们肆无忌惮地起哄和大声地喧哗吵闹。看到我非常反感和气愤的样子，冈崎先生却劝我："此时此刻，你更要保持头脑冷静。"

1983年，全日空在引进适应国际航线的波音767型客机时，与机组空乘工会产生了矛盾，劳资间展开了激烈谈判。以前，客机驾驶舱都采用三人驾驶制，即机长、副驾驶和机师；但先进的B767驾驶舱采用了取消机师也能驾驶的二人驾驶制。当时，全日空拥有的机师人数超过340名，因此，工会坚决不同意二人驾驶体制。在引进B767客机上，双方的谈判一度陷入了僵局。

1986年3月3日，几经波折后，我们梦寐以求的第一条国际航线——成田至关岛间的国际航线终于正式通航了。作为航务本部副部长，为了国际航线的顺利开通，我与工会进行了多轮艰苦谈判，当这一天真的到来时，心中自然无比感慨。实际上，我们与工会之间的艰苦谈判一直持续到通航那天的早晨。为此，时任社长中村大造因放心不下，还特意跑到谈判现场观察进展情况。

从那之后，全日空的"翅膀"不断伸展，7月16日飞到了美国西海岸的洛杉矶，26日又飞至美国首都华盛顿。公司推行的国际化战略从此步入了稳健发展阶段。

说句实话，那时我们内心真正渴望开通的是那条被称为"摇钱树"的东京至夏威夷以及飞往美国东海岸纽约的国际航线。但是，按照日美航空协议的分配方案，作为后来者的我们一时还得不到这种机会。终于，我们在1991年分到了飞往纽约的份额，但一周也只能飞三个班次。我们与竞争对手之间的差距依然很大。

那个时代，成田机场名副其实是日航的天下。由于日本运输省把航班出发时刻和到达时刻的分配权交给了日航，因此日航握有对飞机起降的决定权。决定权，是指按照日美航空协议的规定，参与企业对日美间以及日美以外地区的航班数按照自身意愿进行自由设定的权利。当然，全日空作为后来者很难从他们手中获得自己渴望的航班时刻表。

在这种不利条件下，1987年4月16日，全日空迎来了成田机场至中国北京和大连航线的通航日。这一天恰好也是冈崎嘉平太先生的九十岁寿诞。为了能在这一天开通飞往中国的航班，并让冈崎先生乘坐上该航班，以我为首的全日空人团结一致，克服了种种困难。当时，按国家间的规定，与中国签署航空协定的日本航空企业只能有一家，且早已归属了日航。中国为了照顾与周恩来总理私交甚厚的冈崎先生，特意强调在中日航线上"不介意让日航与全日空一起飞"。

也是1987年，全日空开通了成田飞往澳大利亚悉尼的定期航班；1988年，开通了成田飞往韩国首尔的定期航班；1989年，开通了成田飞往泰国曼谷和英国伦敦的定期航班；1990年，开通了成田飞往法国巴黎的定期航班……就这样，全日空向世界稳健地张开了自己的翅膀。

全日空开通国际航线的道路并非一帆风顺。实际上，自从开通首条关岛航线以来，我们的国际航运部门就连续17年亏损。"要飞的话，我们就一定要飞向美国首都华盛顿。"即便是在这种心态下开通的直飞华盛顿的定期航班，即使这班航班在初始阶段天天满员,但我们仍处于亏损状态。至于其他国际航线是否赚钱,也就可想而知了。唯一值得庆幸的是,由于我们实现了开通国际航线的多年夙愿,公司上下洋溢着一派快乐与祥和的氛围。

时间到了2004年的公司决算日,我们的国际航线终于迎来了首次盈利。当我看到手头报表时,心中一喜,不由得大声喊了出来:"噢,这不是黑(盈利)字吗?"故意向周围的人透露这个好消息。如果换成今天的全日空,这种情况是根本无法想象的,这也充分说明了我们走过的国际化道路是多么艰辛。

在人事部工作期间

担任宣传促销部部长

1989年9月22日,在全日本为泡沫经济带来的虚假繁荣沾沾自喜时,不仅是我个人的,也是全日空的大恩人——冈崎嘉平太先生结束了他92年的生命,飞向了另一片天空。冈崎先生出生于今天的冈山县吉备中央町,他不仅是全日空的第二任社长,也为中日邦交正常化做出了巨大贡献。

在冈崎先生去世的前两个月,我在位于东京溜池的全日空大酒店(现改名"全日空洲际东京大酒店")举办的招待会上偶遇了他。他看到我时,立马招手把我叫到了他坐的圆桌子旁,对我说:"全日空能争当世界第一当然是最好的,如果做不到,我也希望它至少要成为亚洲第一的航空公司。"现在回想起来,这应该是冈崎先生留给我的遗言了。从此,这句话就不断地浮现在我的脑海里。

1989年的1月7日，昭和天皇驾崩了；两年前的1987年，与冈崎先生相识的父亲也在79岁高龄时辞世了。对我来说，那个让我在少儿时期饱受煎熬的昭和年代谢幕了，最重要的两位长辈也离开了我。是他们帮助我战胜了那个艰难的时代。想到这里，我心如刀绞，那种痛苦的滋味无人能晓。

但社会不会因某个人的伤感而放慢脚步，反而会一如既往地前进。这时的日本，呈现出一派前所未有的繁荣景象，人们疯狂地沉迷于泡沫经济的虚假辉煌里，忘乎所以。我被任命为公司的宣传促销部部长，这是一个与以往的工作截然不同的工作岗位，从此我迎来了忙忙碌碌的日日夜夜。在正式宣布任命前，我就预想到自己登上的将是一座华丽的舞台，但现实情况远远超出了我的想象，展现在我面前的是一个千变万化、绚丽多彩的奇妙世界。

尽管已过去了30余载，但今天的人们还是无法想象出当年的奢靡。那时，全日空的广告宣传预算一年就超过280亿日元。毫无疑问，这是一笔巨款。当时，我每天都会从高层领导那里收到同样的指示："尽你所能地大胆花钱吧！"这让我感到无比惊讶。遵照上级指示，我花了一亿日元为歌舞伎剧场制作了舞台大幕布；在《日本经济新闻》上花巨资刊登了"打造世界一流品质"的整版醒目大型广告……总之，为了在社会上打响全日空的名声，只要是能想到的，没有我做不到的。

到了当年 3 月份的公司决算日前，领导又向我提出了更离奇的要求——在月底前花光剩余的 20 亿日元。这搞得我手忙脚乱，不知所措，只能以人手不够为由提出"增派援军"的请求。领导却答复我"一个人也派不出来"。现在回想起来，这简直就像一场梦接着一场梦，只能说这一切都是"疯狂的泡沫经济"惹的祸。

在筹划拍摄某电视广告时，我们以著名间谍片中的英国秘密特工"007"詹姆斯·邦德为题材，设计出一组命令他去"捕捉世界战略"的广告词。当我把该方案提交到公司干部会上进行讨论时，与会者对其评价并不高，很多人都说该广告词带有强制性的命令口吻，"会对顾客不礼貌"，这让我始料未及。于是，我条件反射地说道："那就把语气从命令式改成请求式吧。"这样总算搪塞了过去,摆脱了尴尬。

我在担任宣传促销部部长期间,做的一件最出格的事就是启用美国著名歌手弗兰克·西纳特拉为全日空拍摄电视广告。当时,支付给他的拍摄费高达5亿日元,我还为此专门跑到了美国西海岸的好莱坞,观看了他的拍摄现场。

我(右)与西纳特拉(中)的合影

当然,借工作之便,我不仅能与西纳特拉一起吃饭,还有机会与当时活跃在日本舞台和银幕上的著名演员堺正俊、草笛光子、神津善行和仲村芽衣子夫妇、日本黑鸭子组合等文艺界名人一起用餐。现在回想起来，那可真是一段灿烂辉煌的美妙时光。一般来说，宣传促销部部长的任期是2年，但我在这一岗位上待了3年。其实，我还想再多干一年，只是最终没能实现。

在担任宣传促销部部长期间，我不仅接触过许多文艺界名人，还与体育界人士结下了不解之缘。我觉得，全日空在蓝天上展翅高飞的英姿与代表日本向世界挑战的日本运动员的挺拔雄姿简直如出一辙，双方的结合可谓珠联璧合。

这里，我说一个发生在我身边的小故事。日本乒乓球选手福原爱给许多人都留下了深刻印象，今天我们已经不再把她称为"小可爱"了，但只要一说到她，我还会自然地称她为"小可爱"。实际上，我第一次见到她是在2001年9月的东京迪士尼开园前的招待会上，那时我还担任社长。那一天，我与秘书宫川纯一郎在一处游乐设施前排队，而"小可爱"与她的母亲就排在我们前面，只相隔了数人。当时，她已经很出名了，应该是上小学六年级或初中一年级的样子，身形小巧玲珑，模样可爱至极。我仿佛中了魔似的，一直目不转睛地盯着她看。

我们正式见面是在与她正式签订代言合同之前。她给我的印象与我在迪士尼第一眼见到她时一模一样，既文静又害羞。她有咬手指甲的习惯，与我谈话时，她无意间咬了手指甲，随即就遭到了同行者的训斥。她那惊悚的样子让我至今难忘。

在那以后，全日空与福原爱签订了代言合同。福原爱胸前佩戴着全日空标识参加过许多国际大赛，并取得了优异的成绩。在成绩面前，她仍然保持着不骄不傲的态度，特别是在伦敦奥运会上获得了银牌，在里约热内卢奥运会上获得了铜牌后，她都把奖牌带到了全日空总部给我们看，还亲手把奖牌挂到了我的脖子上。

时至今日，我还会经常想起那个偶尔会咬指甲、时常害羞的"小可爱"。现在，她不仅成长为一名出色的运动员，也成长为一个优秀的女人，一位伟大的母亲了。但在我眼中，她依然是那个可爱的小姑娘，我总是把她当成自己的孙女一样看待，一直关注着她的成长。

另外，在高尔夫球赛事上，全日空常年赞助在北海道举办的全日空高尔夫锦标赛。我任社长期间，公司曾

2016 年 9 月 5 日，与福原爱在全日空总部合影留念
（里约热内卢奥运会铜牌获奖报告会）

在经营业绩不佳时专门开会讨论过是否继续承办该项赛事。面对不同的意见，我说道："该项赛事已深深地融入了当地社会，虽然我们现在经济上困难一点，但绝对不应该轻言放弃。"就这样，该赛事一直延续至今。

在这项赛事中，给我留下最深刻印象的是石川选手。石川这样既洒脱又文雅的选手让人极其喜欢，我从担任董事长起就成了他的铁杆粉丝。石川敢于向世界挑战的豪迈气概与全日空倡导的进取精神完全契合。

在举办全日空高尔夫锦标赛期间，我们都租用札幌高尔夫俱乐部的办公室，把它作为赛事组委会的办公地点。一天，石川突然造访了我们的办公地，他摘下帽子，对我说道："大桥董事长，请您收下这顶帽子吧！"那一次，他赠给了我一顶帽子和一支1号木杆。

他送给我的1号木杆，一直都被我用心地使用着。最近，我的腰部出了点毛病，而且状况越来越严重。为了能让这支杆再次发挥它的作用，我决心从现在起加紧锻炼。以前，在"全日空日本公开赛"赛前举办的专业选手与业余选手配对比赛上，我们曾一起打过球。那时，由于脑栓塞留下的后遗症，我挥杆时的转体动作受到影响，石川对我处处照顾。当他在 2015 年举办的"全日空日本公开赛"上勇夺冠军时，我真心为他感到高兴。2019 年，石川时隔三年重夺"日本职业高尔夫选手大奖赛"冠军，望着他在获奖台上留下的激动眼泪，我也心潮澎湃，不由得热泪盈眶。我衷心祝愿他不断取得进步，同时也期待着有朝一日与他再次联手打球。

奋战成田机场

1993年6月，我正式当选为公司董事，承担起全日空的部分管理工作。只是，当我看到颁发的任命书时，却感到一头雾水，上面明文写着："任命你为成田机场支店长"。在董事任命正式下达之前，我原本以为自己会主管公司的某些核心部门，比如负责经营企划的部门等，始料不及的是，我不仅被一下子"下放"到了地方，而且还被派去成田机场——当时被视为日航最坚固的"堡垒"。

那时，日本的国内航空体系泾渭分明，日航主攻国际航线，全日空主攻国内航线。因此，成田机场可以说基本上是被日航把控：值机柜台以及廊桥等重要设施大部分都归属日航，与之相比，全日空所占的面积只有巴掌大小。

此话绝非言过其实。在成田机场排列整齐、一望无边的红色飞机中，零星可见两三架全日空的蓝色飞机，它们可怜巴巴地悄然停放在那里。这让我想起了中国秦朝末年发生的楚汉争雄。那时，楚国大将项羽被汉军围得水泄不通，四面楚歌中，他无可奈何、万念俱灰。此时，我忽然有了与项羽同病相怜的感受。

那时，成田机场第二航站楼于上年刚刚落成，机场的人们还沉浸在喜悦之中，但对全日空来说，苦日子才刚刚开始。就拿机组和空乘人员的休息室为例，日航使用的都是拥有高档设备的航空中心，而我们这里却什么都没有。

在第二航站楼落成前，成田机场只有一个航站楼。由于正式分配给全日空机组和空乘人员的休息室太小，许多机组和空乘人员无法进屋歇息，于是，我们只好在航站楼附近临时搭建了一栋木板房，让挤不进去的员工在此休息候机。那时，日航正全方位拓展成田机场的业务，在他们的强大攻势下，我们处处感受到了巨大压力。

当然，全日空也不甘示弱，我们采取了各种各样的对抗手段。比如，我们在这栋临时搭建的屋子里为新航线首航的机组和空乘人员播放美国著名演员西尔韦斯特·史泰龙主演的出世作《洛奇》的主题曲，怀着期待他们凯旋的心情，隆重欢送他们出征。

面对这种"先天性劣势"，我的斗志彻底被激发了。"赶超日航"是我加入全日空那天起就一直埋藏在心底的强烈愿望，今天，我终于要去实现它了。为了早日实现这一愿望，我把妻儿留在东京，自己只身住到了成田。在我之前的那些支店长，名义上是把家搬到了成田，实际上每天都回东京市内的家中居住。我彻底改变了这种状况，不仅重大节假日，即便周末，我也经常留守成田，为迎送旅客时刻做好准备。

那时，我的周末几乎都是以同样模式度过的。早晨一起床，就先到机场送走前往纽约和华盛顿的旅客。之后，就驱车前往机场附近的高尔夫球场与客户一起打球。打球结束后，也就到了傍晚时分，我再次返回机场迎接从美国西海岸洛杉矶归来的旅客们。

不识庐山真面目，只缘身在此山中。因为近在咫尺，我反倒忽视了身边的美景。其实，千叶县有许多名胜古迹，观光资源也十分丰富：有新年第一天必烧头柱香的著名寺院成田新胜寺，这里每年约有一千万人祈福；还有在靠近东京市区的浦安建立的迪士尼乐园，这里每年也有一千万人游玩；此外，我工作的成田机场也已成为一个重要的观光景点。

既然有着优势，我就不能再袖手旁观、坐失良机了。于是，我立刻着手开发成田本地的旅客资源。我频繁拜访成田市内的门前町（老牌商业街），与以经营百年老铺"骏河屋"的木下君江为首的妇女会建立了良好的关系。

一次，我策划了率该妇女会出游出云地区的旅行活动。那时，只有日航和佳速航空两家航空公司有从羽田机场直飞出云的定期航班，这种情况下，我为她们安排了先乘全日空航班飞往米子机场，然后再转车前往出云市的特殊行程，我本人作为最高服务人员也陪同她们一同前往。那次旅行，我们一起参观了出云木制巨蛋（圆屋顶大棚），留下了许多美好的回忆。

从那以后，我与该妇女会结下了一生的友谊。我在纽约工作期间，她们曾全体身着和服专门飞到纽约看我，让我十分感动。以该妇女会为首许多当地的朋友从全日空规模还很小的时候就开始积极支持我们的工作了，我对此真是感恩不尽。

说句实话，当初总公司调我去成田机场工作时，我心中多少有过一丝不快，也曾向上级领导询问过理由，但他们只是对我说："你去那里好好干吧！"

想到与我同期晋升为董事的那些干部都留在东京市中心工作，偏偏只有我去成田时，我一直想不通，甚至有点心灰意冷。有句老话说得好，"塞翁失马，焉知非福"，我到成田后，反而重新振作了起来，全身心地投入到推广和宣传全日空以及让全日空的蓝色飞机布满整个成田机场的活动中。今天，看到全日空在成田机场取得的巨大成就，我觉得是自己一手哺育了全日空的成田事业，心中自然感到无比喜悦与自豪。当然，别人怎么瞧这件事，那就另当别论了。

赴纽约工作

1995年6月,我从成田机场支店长直接转任美国东海岸的纽约支店长一职。正式任命下达前,我听到的消息是我将出任伦敦支店长一职。得知后,我心中窃喜,觉得能去伦敦相当不错。

可是,当正式任命揭晓后,我要去的地方却是大西洋的对面。"嗨!能去纽约也不是不行。"我自嘲道。现实是,这次纽约之行真是太美好了。现在回想起来,在纽约的经历不仅对我的职业生涯,甚至对我的人生都意义非凡,可以说,我在伦敦度过了人生中最美妙的一段幸福时光。

这次赴国外工作,我决定只带妻子一人同行,过一段夫妻二人单独相处的小日子。每天早上,我都会步行穿过纽约市区的中央公园,走向矗立在曼哈顿中心第五大道上的洛克菲勒大厦里的全日空纽约支店。周末时，我就与妻子一同观看我们都喜爱的歌剧或去参观美术馆。今天，我们每个人都十分看重事业与家庭之间的平衡，这已是当今社会发展的必然趋势。尽管在我们那个时代，人们在处理事业与家庭关系上的观念还十分陈旧，但即便按照今天的观念，我的这段职业生涯应该也是最接近于"完美"的一段人生历程。

我个人生活美满至极时，后起之秀全日空的处境却并不乐观。开始时，全日空每周只能提供3班成田至纽约的定期航班。经过我的不懈努力，全日空终于实现了每天都有直飞两地的航班。但日航在此航线上已经营了30多年，两家企业之间的差距依旧一目了然。

当时，即便是那些与我们有重要业务往来的企业领导去纽约出差，大多也会选择方便可行的日航航班。因为日航不仅在航班数量上有压倒性优势，而且还大力开展了各种促销活动。与日航相比，我们全日空除了有一颗真挚、热情的心，好像一无所有。但我不甘心，面对困境，我心生一计。

那个时候，日航航班抵达的是纽约肯尼迪机场的第一航站楼，而我们全日空与美国的达美航空公司合作，航班抵达的是第三航站楼。于是，我把每天的上班地点从第三航站楼改到了第一航站楼，专门去那里迎接到达纽约的日本财界大佬们。"下一次请您一定要乘坐全日空航班！"我每天都鞠躬向他们讲述同样的话。也许是我这么做起到了成效，回程时选乘全日空航班的贵宾从此不断增加。

日子一天一天过去。突然有一天，我接到了普胜清治社长从东京给我打来的电话："我现在启程去亚特兰大，你去那里接我一下吧。"我从成田调至纽约，从国内转战海外，虽然也属于公司高层领导，但之前少有与普胜社长见面的机会。为了不失礼，我立刻启程飞往亚特兰大。到达机场后，我左等右等就是不见普胜社长的身影。

"难道出了什么事？"我正着急时，普胜社长却意想不到地从另一部舷梯上走了下来。他望着愣在那里的我，解释道："这件事现在还不能公开，我已决定解除与达美航空公司的合作关系了。"实际上，普胜社长这次到访亚特兰大的目的就是要拜访总部设在此地的达美航空公司，与他们商谈解除合作的事宜。从那以后，全日空与达美航空分道扬镳，与现在的合作伙伴美国联合航空公司建立了合作关系。

在纽约度过了两年梦幻般的日子后，1997年初，我突然接到曾任日本运输省事务次官、国铁清算事业团理事长，现任全日空董事长杉浦乔也打来的电话。他在电话里非正式地告诉我说："我想让你在纽约再干两年，之后回总公司担任常务董事一职。"当时，我与妻子经常在一起闲聊，都说想在此地多待两年。这通电话正合我们的心意，让我们有点欣喜若狂。当晚，我们就破例开了一瓶高档红酒，一直对酌至很晚。

同年5月，我受国内朋友之托回国参加婚礼当证婚人，对我来说，已经很久没回日本了。当我刚刚抵达成田机场时，一名全日空的职员就慌张地跑了过来，把一份《日本经济新闻》递给了我。"一定是出了什么大事！"这个念头在我脑海里一闪而过。果不其然，报纸整版都是"全日空社长普胜辞职"的醒目报道。我顿时目瞪口呆，感到了事态的严重性，而此时的我却无能为力，只能静观其变。按照既定行程，我完成在日行程后就离开了日本。回到美国后不久，普胜就打来了电话，他在电话中对我说："杉浦对你的承诺失效了。我希望你尽快返回东京负责人事工作。"突如其来的人事变动让我不知所措，但社长的话更不容争辩，我犹豫了半天，怯怯地问道："我能问一下为什么吗？"这就是后来在日本家喻户晓的全日空内讧事件的开端。

担任纽约支店长时期

公司高层内斗

至今,我依然收藏着1997年5月10日发行的《日本经济新闻》,就是那份我因私事回国在成田机场看到后目瞪口呆的报纸。该报是这样报道的:

> 全日空普胜清治社长(64岁)将于本年6月底辞职。据说是因为与若狭得治名誉董事长(82岁)及杉浦乔也董事长之间在安排下任领导班子的问题上产生了意见分歧。下任社长候选人主要聚焦于全日空原常务董事、现任全日空大厦公司社长吉川谦三(60岁)。据悉,普胜清治社长将辞去全日空一切职务。

全日空爆发的这场内讧说白了就是两批人之间的权力之争,一批人以20世纪60年代成长起来的普胜社长为代表，另一批人以 80 年代从日本政府运输省空降下来的退休干部若狭名誉董事长为代表。这二人之间还有一位同样担任过运输省副部长的杉浦董事长。从普胜社长的立场上看，若狭名誉董事长与杉浦董事长沆瀣一气，就是一丘之貉。

事情的经过是这样的：受若狭名誉董事长之命，负责与日本政界进行沟通的某干部惹怒了当时的政府监管部门运输省。若狭名誉董事长想庇护这位干部，但站在公司的角度上，必须缓解与政府监管部门之间的紧张关系，因此需要彻底进行人事变动，让公司面目焕然一新。对普胜社长来说，如何处理好这个棘手问题，让他头疼不已。

那时，我在纽约担任支店长，对公司高层之间的争斗内情全然不知，只是通过《日本经济新闻》的报道等，才多少了解了一些事情的梗概，知道了事态的严重性。当然，此事是好是坏，对我本人来说不痛不痒，因为我完全是一名局外人。

"在 5 月份召开的定期干部会上，普胜派必定要有所动作，请你一定参加！"

在我看过《日本经济新闻》的那篇报道几周后，这个电话就打进了我在纽约的办公室。这时，社会上流传着各种版本的有关全日空内讧的传闻，而公司的真实情况则像一场"奥赛罗游戏"，按规则，最后棋子多的一方肯定获胜。实际上，公司里的一些主要负责人此时都已归属了普胜社长。

我本人十分尊敬若狭名誉董事长，但我也知道普胜社长自我在人事部时起就对我另眼相看。由于我长期在国外工作，对总公司的内情了解甚少，因此无法判断当时的形势，只能先接受东京方面的召唤，从纽约出发前往了大会召开地——东京皇家酒店。

会议场面令人大为震惊。会场上，以长谷川章副社长为首的一批人声称："人事权应归属社长！"最后，竟闹到全体与会者像事前商量好的一样异口同声地要求"若狭和杉浦下台"的地步。

其实，若狭名誉董事长早就发现了苗头不对，已经下定了隐退的决心，会上他当场就表达了在当年6月份的改选期辞去董事长的想法；杉浦董事长原本还有一丝留任的想法，但最后也因察觉到公司内部的形势以及周围的气氛对自己不利，不得已之下表明了"辞职"的态度。

就这样，在1997年5月29日上午召开的全日空决算董事会上，内定了杉浦辞去董事长和野村吉三郎专务接任社长一事。最终，这场闹剧导致普胜社长、杉浦董事长以及若狭名誉董事长三人全部离任。

我在前面曾谈过，若狭名誉董事长是一位能干大事的人，许多工作都非他莫属。所以，我做梦也没想到全日空会发生令人震惊的内讧。说句实在的，若狭名誉董事长拥有的丰富经验恐怕连普胜社长也不可企及。这场内斗不仅导致了两败俱伤的严重后果，在我心中也留下了无法磨灭的阴影。

回过头来反省这件事时，我得出了一些教训：应该认真倾听社长和董事长讲出的每一句话和提出的每一条意见，因为他们的话分量都很重，即便是一句玩笑话，也会对周围的人产生巨大的影响。此外，领导也会在不经意间变成孤家寡人。以若狭先生为例，虽非他本意，但在不知不觉中，公司里许多人都对他敬而远之，以致无人再愿意与他真正交心了。

当然，如果有人愿意把它归结为领导的宿命，那就算是吧，我也无话可说。总之，从那以后，我就把从这次公司内讧中汲取的教训当成反面教材，有意识地传授给年轻一代，我反复告诫他们："一定要敢于挑战！"同时不断地提醒他们："千万不要轻信那些没有过失败经历的家伙！"

普胜清治社长（左）与我的合影

第四章 执掌全日空

被指定为接班人

1997年，我怀着恋恋不舍的心情告别纽约回到了东京，摆在我面前的是与机组空乘工会之间的劳资谈判工作。

翌年，我顶着常务董事兼人事勤劳本部部长的头衔，与工会组织就劳动条件展开了多轮谈判。由于没能满足工会组织提出的改善机长待遇及提高工资的要求，工会发动了长达15天的、主要涉及国际航线的大罢工。事情虽然最终得以妥善解决，但我为此吃尽了苦头。

这个时期，全日空正赞助日本职业足球联赛的一支参赛球队——横滨飞翼队。该球队的另一家赞助商某建筑公司决定停止赞助，由于我们一家公司单独赞助财力上也吃不消，因此公司决定借此机会一同撤出赞助。那时，全日空已落入无红利可分的窘境，并开始进行削减开支和收缩业务的工作。我也认为，企业体育被视为"圣域"的时代已一去不复返了。

说也神奇，横滨飞翼队在自己球队历史的最后一届天皇杯赛（第78届）上成功晋级，并在1999年元旦那一天的决赛上戏剧性地夺得了优胜杯。这场胜利至今仍留在广大球迷的记忆中。我也去了比赛现场，在观众席上目睹了选手们高举优胜杯的最后英姿。

那时，横滨市还拥有另一支同在日本职业足球联赛参赛的球队——横滨水手队，赞助商是日产公司。不得已，我们只能请日产公司接手并吸纳了横滨飞翼队。许多飞翼队的球迷及大批支持者对此非常不满，他们带着愤怒专门跑到全日空总部前举行了抗议活动。是我给这些支持者带来伤痛，时至今日，我仍然觉得愧对他们。

同年（1999年），我从常务越过专务，直接升为主持公司日常工作的副社长，开始协助野村吉三郎社长的工作。在这一段时间里，全日空不仅有解散横滨飞翼队等一系列负面新闻，同时也有不少正面话题，其中最大的一件喜事就是全日空加盟了今天被广大旅客熟知的星空联盟。

星空联盟成立时只有五家公司，它们是泰国国际航空公司、加拿大航空公司、德国汉莎航空公司、美国联合航空公司以及北欧航空公司。如今，该联盟已经成长为拥有28家航空公司加盟的航空联盟，拥有了庞大的航空网络。促使全日空下决心加入星空联盟的第一功臣是野村社长。当时在东京新宿举办的加盟庆典热闹非凡，就像昨天发生的一样，至今我都记忆犹新。

我与野村之间的交往始于同在人事部供职期间，当时野村是人事部部长。我们俩脾气相投。有段时间，我每天都把野村的办公桌稍微转一点方向，就这样，在不

涂装星空联盟标识的全日空客机

知不觉中，他的办公桌完全背对了我们，对此他竟然浑然不知。从那以后，我就经常搞一些恶作剧戏弄一下一本正经的野村，偷偷地从他身上找些乐子。

就这样，我们之间建立了亲密的关系。一天，野村把我叫到大仓酒店的一间客房里，开始和我一起构思翌年的人事安排。记得这是2000年入秋的一天，我们先从部长级干部的人事安排开始讨论，然后按常务、专务，逐级向上仔细研究。但不知道为什么，野村就是闭口不谈位于权力顶峰的社长的人事安排问题。

在我们讨论期间，比我晚一年入职、一直从事劳务方面工作的现任副社长八木功也曾几次参与了讨论，但他似乎不能像我这样经常见到野村社长。当时，有传言说同样是比我晚一年入职的与前任普胜清治社长关系密切且一直负责航运工作的中町义幸副社长作为社长候选人的呼声颇高，但我从未见过他与野村社长有过亲密接触。那时，公司内讧的余波尚在，董事长职位一直空缺，够资历与野村一起讨论社长候选人的极其有限。

当时，我还兼任营销本部部长，负责整个公司的销售工作，正处在事业的巅峰。与前一年（2000年）相比，公司创造了有史以来的最佳业绩，2001年上半年的前景也十分不错。此外，我还作为第一副社长全心全意辅佐着野村的工作，因此对自己也充满了信心。并且，我每次与野村见面时，也多多少少有那么一丝微妙的感觉。我记得，真正让我意识到自己有戏是在2000年底至次年年初的那段日子里。后来，为了写这本书，我特意翻看了过去的日记，可惜日记里一点也没有记录当时发生的事情以及自己的心态变化等，唯一能找到的是在某日写的"确定"二字。

那天，我像往常一样被野村叫了过去，他开门见山地对我说："接下来，我想让你接任社长一职。"

就任社长

2001年春，我就任全日空社长。就任后，我想做的第一件事就是为公司设定一个目标——我想让全体员工拥有同一个梦想，并为之共同团结奋进。那时，我的脑袋里装着冈崎嘉平太先生的遗愿，内心下定了"让全日空成为亚洲第一的航空公司"的决心。

事与愿违，公司上半年的业绩给了我当头一棒。与前年最佳时期相比，公司的业绩就是上不去。当我全力争取下半年扭转不利局面时，突然从纽约传来了噩耗——震惊世界的"9·11恐怖袭击事件"发生了。

我永远也不会忘记，2001年9月11日晚上，我提前一天从中国成都回国，在家放松。因为不经意间听到台风接近的消息，紧急决定经由北京提前回成田机场，避免了在当地滞留。那天傍晚，我洗完澡后，刚想坐下喝点葡萄酒时,妻子突然进来对我说:"孩子他爸,纽约有飞机撞楼了!"我立刻看向电视,曼哈顿的标志性大楼世界贸易中心大厦正冒着浓浓黑烟。

恐怖事件发生后,全美领空上的所有飞行器都被禁飞了,全日空的航班只好在美国各地以及加拿大机场紧急备降避难。我向公司发出了紧急命令,指示他们给那些滞留的旅客无条件地提供紧急援助。本次事件中,日本遇难者最多的企业是日本富士银行(现瑞穗银行),我们立即架设了专用热线电话,完善了全面保障遇难者家属及相关人员紧急出行的援助体系。

这里讲一个小插曲。事件发生时,已就任公司董事长的野村吉三郎正随同日本经济界访美团在美国的中西部访问。事件发生后,他被困在了芝加哥。野村当即给我打电话,在电话中大声命令我:"你给我派架飞机来!"鉴于当时严峻的形势,我明确答复他:"现在,我不能给你派飞机……"经过一番解释后,我终于说服了他。

受"9·11恐怖袭击事件"的影响,全球民航市场骤然变冷。与前年同期相比,全日空下半年的业绩下降了30%，营业利润锐减了500亿日元，国内航线受到了冲击，国际航线遭受的打击更是难以计数。由于"9·11恐怖袭击事件"，除了旅客的消费理念发生变化外，以美国为首的世界各国都在机场实施了严格的安检制度，进一步阻碍了广大旅客迈向机场的步伐。

俗话说，福无双降，祸不单行。此时，一股更可怕的巨大湍流正伏击着在前进道路上的全日空，这就是日本航空公司（JAL）与日本佳速航空（JAS）闪电般的合并事件。2001年11月11日清晨，我起床翻看《日本经济新闻》，报纸整版都是"JJ合并"的报道。内容如下：

据有关方面10日透露，日本最大的航空公司日航与日本第三大航空公司佳速航空基本上达成了合并经营的意向，将于2002年秋季共同设立控股集团，届时将两家公司纳入麾下。现在，两家公司正进行最后阶段的协调工作。新公司可在国内航线上确保与全日空同等的48%的市场份额以及在国际航线上占据75%的市场份额，将一举掌控日本民航市场的主导权。

看到该报道后，以我为首的全日空领导立即聚集到位于东京溜池的全日空大酒店召开紧急会议。其实，早在2000年10月份，公司就有人听到了"日航可能要有大动作"的消息，社会上也流传着各式各样的臆测，但让我们意想不到的是日航竟然能一鼓作气完成与佳速航空之间的合并，至少我是没想到的。

当然，我们也做过各种推测，估计最大的可能性就是日航为扩大在羽田机场出发和到达的权益，有可能主动拉近与佳速航空之间的距离。对此，我们也采取了相应对策，主动加强了与佳速航空之间的良好互动，持续加大了双方企业高层领导之间的互动。那时，我们之所以没考虑过与佳速航空合并，主要是因为我们合并后将占据日本国内航线70%以上的市场份额，会受到垄断法的限制，因此，合并一事对我们来说是想都不敢想的事情。

事情发生得太突然，让聚集在酒店房间里的我们感到无比愤怒，大家义愤填膺地说："JJ合并太可耻！我们绝不会就此罢休！"在此之前，日本国内航空市场的份额基本上是由日航、全日空和佳速航空三家航空公司分别按恰当的比例占有。JJ一合并,这种恰当的比例就会被打破,从此,在被称为"摇钱树"的羽田机场出发和到达的航班分配份额上,我们将处于劣势。可以说,对原本靠国内航线挣钱吃饭的全日空来说,"JJ合并"使我们到了生死攸关的地步。同时,对我本人来说,我也迎来了人生中最大的一次危机。

在2002年度公司新员工入职仪式上

彻底改革

现在回忆起来，可以说，日航与佳速航空在那个年代的合并势在必行：一方面，原本作为日本第三大航空公司的佳速航空一直处于经营不善的困境中，为了扭转颓势，佳速航空势必要扩大在羽田机场的权益；另一方面，日航当时也正把加强国内航线作为拓展经营的主攻方向。

2001年12月6日，在两家航空公司发表合并宣言后的第26天，我在东京召开了记者招待会，首次就"JJ合并"事件向社会发表了我们的看法。在记者招待会上，我强调："原有的三大家体系被改成两大家体系后，势必削弱航空公司价格和服务方面的竞争，这样会极大地损害广大旅客的正当权益。"按我们的估计，日本公正交易委员会肯定会对"JJ合并"一事展开正式调查，所以我也正式表明了我方的坚定态度："我们将保留向日本公正交易委员会提交《反对合并意见书》及采取一系列后续行动的权利。"

"在美发生的'9·11恐怖袭击事件'以及竞争对手的强强联合让我们面临着重重困难，倍感压力重大，但这不能成为我们止步不前的借口。在危机面前，为了提高竞争力，我们全体员工更应该紧密团结、共同奋进。或许日航和佳速航空会有一个新的未来，但我们也会亲手创造出一个崭新的全日空。"

记者招待会后不久，《日本经济新闻》就刊登了对我的采访，其中就有上述内容。即便今天重读这段话，我相信人们仍然能从字里行间感受到我当时的高昂斗志。

正如这段话表述的那样，我排除了公司内部的一切干扰，果断地对公司进行了彻底改革。那时，我提出了"削减固定成本300亿日元"的口号，其中，削减人工成本200亿日元，削减设备经费100亿日元。因为这是公司自成立以来首次削减全体员工5%的基本工资，所以引发了以工会组织为首的各方面的强烈不满。但我们此时已经到了生死攸关的紧要关头，再也没有时间慢悠悠地思考和折腾了。

放眼公司的外部环境，阿富汗和伊拉克相继爆发了战争；SARS在中国流行；在日本，由于新干线品川站即将投入运营，全日空的经营环境愈发严峻。种种因素下，全日空2002年后半年的经营最终跌落至赤字。

越是在关键时刻，越应该确保公司内部的信息交流畅通无阻。具体地说，就是需要社长亲自与员工们直接对话。在开展"直接对话"活动期间，当时伊藤忠商社的丹羽宇一郎社长教给了我许多东西，特别是教会了我如何在员工大会上讲话。他说："如果你只给员工讲一次，他们很快就会忘掉。因此，你要把自己的思想不厌其烦地、反反复复地讲给他们听。"

按照他的教诲，我带着秘书宫川纯一郎跑遍了全国各地，先后与6000多人促膝交谈，举办了上百场交流会。一般来说，参加这类交流会的人都会在事前准备好脚本和台词，交流会上，先由社长致开场白，再由随行者继续开讲。但我告诉随行人员："我不需要脚本，只想一个人'真刀实枪'地去干。"于是，每场交流会都是我一个人从头至尾地唱主角。

当然，我也曾多次在交流会上与员工发生争论，旁边的秘书看得一脸惊慌，我却仍然装出一副若无其事的样子。渐渐地，部分员工对我的做法产生了反应，他们说："虽然老总说的我们不可能百分之百赞同，但他能亲口讲给我们听，本身就让我们十分感动。"慢慢地，员工们对我提出的"让我们一起努力共渡难关"的口号有了响应，这让我勇气倍增。

2003年9月，我作为社长首次参加了工会组织的全国大会。面对座无虚席的观众区，我做了以"以快乐心情、微笑态度共同参与削减成本运动"为题的报告。当然，我知道这样的讲话会引发他们的强烈不满，但这也是不得已而为之，此时此刻，我也是被逼无奈。当我重读日记时，虽然里面写满了各式各样的事由，但说句老实话，那时的情景我几乎一点都记不起来了。总之，我只记得自己一直在拼命地干，事情仿佛在瞬间发生又在瞬间结束了，仅此而已。万幸的是，我的身体没出毛病，竟然幸运地挺了过来。

是什么力量在那个时候支撑着我没日没夜地埋头苦干呢？可以说，是老家冈山县高粱市的阳明学者——山田方谷留下的一个个教诲给了我巨大的支持。

与山田方谷的结缘可追溯到我的少年时代。

我随母亲从中国回日本后，就到了母亲在冈山县高梁市的亲戚家落脚，住在备中松山藩家老（日本古时地方长官）的一所老宅子里。这是江户时代中期建造的老式武士住宅风格的建筑，现在已经被当地指定为旅游观光景点，起名为"埴原家住宅"。我们就住在这座古老建筑主屋旁边的一座独立的房子里。那个时候，每天晚上都有一位蓄着漂亮白胡须的老者来到主屋，一边饮酒一边吟诗，然后兴高采烈地回去。我问母亲："这位白胡子老头是什么人？"母亲告诉我："这位老者是很有名的大人物山田方谷的孙子，名字叫山田准。"那个时代，高梁市的小学里矗立的还不是二宫金次郎（二宫尊德）的铜像，而是山田方谷的武士铜像，所以，那时我就知道他是那位铜像武士的孙子。山田准于1952年去世，去世前一年，他整理出版了《山田方谷全集》。其实，主屋那时收藏了许多山田方谷的手稿及资料，山田准是为了整理该全集才每天都来此查阅资料的。

在我担任全日空社长期间，曾多次在交流会上提及即使勒紧裤腰带也要办教育的小林虎三郎。故事是这样的：长冈藩被战火夷为平地后，百废待兴，邻近藩国送来了"米百俵"——一百袋大米以示慰问。藩士们都盼着能分到粮食，可负责长冈藩教育的小林虎三郎却主张把大米统统卖掉，用换来的钱采购书本和教学器材。一次交流会时，某评论家却告诉我："其实还有比小林虎三郎更伟大的人，他就是备中松山藩的山田方谷。"这话让我重新拾起被遗忘了几十年的回忆，我知道他说的应该就是我记忆中的山田方谷。于是，我开始到处搜集山田方谷的文集，读得越多，越被山田的魅力折服。

1805年，山田方谷生于备中松山藩的一个农商家庭。当时，松山藩主板仓胜静是被后世称为明君的松平定信的孙子，一个只拥有五万石的小藩主，同时还兼任大政奉还前江户幕府的老中（一种官职）。板仓十分看重农商家庭出身的山田方谷，便把他提拔到藩政府中枢工作。山田方谷通过扶持以冶金制铁为中心的产业以及废除"大坂藏屋敷"（日本江户时代储藏兼销售粮食的栈房）制度，在1850年至1857年七年的时间里，不仅使松山藩偿还了10万两欠款，还使其有了10万两钱款的盈余。

那时,我作为公司社长,满脑袋装的都是如何才能让公司尽快摆脱经营困境的问题。山田方谷的藩政改革以及经营哲学让我从中看到了一丝曙光。我非常喜欢山田方谷讲的三句话。

第一句,"凡善治天下之事者,必跳出事外而非置身于事内"。这句话的意思是,治理国家的人一定要具备观大局、识大势的大局观,绝不可仅从局部利益出发思考问题和判断事物。我把这句话进一步解释成,如果我们想做成一件大事,就不可贪图一时的舒适和局部的利益,这样才能获得最终的舒适和整体的利益。我不断地反复地向公司员工讲述这个道理。

第二句,"至诚恻怛"。所谓"至诚",就是诚挚之心;"恻怛",就是恻隐之心。只要具备了诚挚和恻隐之心,任何事情都能圆满完成。在我担任社长期间,通过举办超百场的"直接对话",认真倾听了6000多名员工的心声,完美地诠释了"至诚恻怛"的精神。

第三句,"明大义不计利"。对我来说,这是最重要的一句话。对这句话,我是这样解读的:只要我们能坚持正确的经营理念，最终一定会获得应有的回报。那么，什么才是全日空的"义"呢？它就是我们一直追求的"安全与放心"。只要我们能在经营中严守安全飞行的理念，就自然会获得应得的利益。航空公司有航空公司的"义"，生产厂商有生产厂商的"义"，不同企业都有各自必须信守的"义"。所以，一位真正的企业领导在工作中必须深明大义、抱诚守真。

我一直铭记着山田方谷的教诲，时刻提醒和告诫自己：无论多么苦，全日空都必须把大义、安全和放心的原则贯彻到底。

在山田方谷铜像前（故乡冈山县高梁市）

宣布复配红利

2003年5月1日，我利用五一长假在时隔数年后重返了成田机场。从我就任社长到此时已经两年了。上任之初，我就在心中暗自决定只担任一个任期——四年，如今恰好到了任期的结束点。

此时，全球正面临着SARS的威胁，中国也不例外，导致前往中国的旅客显著减少。"今天，前往中国的旅客为零。"当我听到成田机场负责人的汇报时，心中一惊，不由得想到："事已至此，我的出路唯有放手一搏了。"于是，我向公司公开发表了以下宣言：

"今年（2003年），如果不能恢复分红，我就辞去社长一职。明年，我要实现国际航线全面盈利。"

2001年，由于受到了"9·11恐怖袭击事件"以及日航与佳速航空合并的影响，全日空的营业收入最终跌落至赤字。2002年，虽然预测经营会有所好转，但到了2月份（日本财政年度预算截止日为3月31日），公司不得不根据现状下调了预算收入。

我发表宣言后，一位从某大银行调入全日空担任财会工作的负责人专门跑到办公室劝我："您千万不要为复配红利一事提出辞职！"这件事也充分反映出，从专业人士的角度看，提出复配红利是根本无法做到的事，也是欠考虑的事。

另外，"实现国际航线全面盈利"在今天看起来不过尔尔，对当时的全日空来说，却近似于天方夜谭。自开通国际航线以来，全日空就设想以国内航线的黑字弥补国际航线的赤字，最终利用开通国际航线的红利帮助公司赢利。这一直是公司内部的共识。但也有要求取消国际航线的不同声音，他们经常说："假如没有国际航线的赤字……"但是，那时的我始终坚信：假如只有国内航线，全日空肯定活不过一百年。如果不在世界舞台上一争高下，更不可能有全日空的未来。

公司里的中层领导都对我表达了支持。当时，我们聚集在东京市三田区的一家名叫华都饭店的中餐馆里边吃边喝，各吐真言，相继对公司的未来发表了自己的看法。大家一致认为："一定要保留国际航线。全日空的未来离不开国际航线。"我们把这次聚会称为"华都会议"，与会者包括后来成为全日空控股集团总裁的片野坂真哉和全日空社长的平子裕志等人，如今，他们都已成长为全日空的核心人物，但依然保持着当年的那股激情，继续为全日空的发展努力奋斗着。

那时，"复配红利"和"实现国际航线盈利"的两大重担让我深感责任重大。对我来说，既已下定了破釜沉舟，勇闯难关的决心，就必须排除一切干扰和阻力，义无反顾地向前。我面对的已经不再是"成与不成"或"行与不行"的问题了，而是企业生死攸关的大问题了。所幸的是，机组和空乘人员以及维修机师们都能理解和赞同我的决心，而对我的改革方案最抵触的竟是公司总部的白领。面对眼前的现实，我再次深深地认识到："现在，已经到了必须彻底改革总公司员工思想意识的重大时刻了。"

实际上，在两个月前，我就把公司总部从羽田搬到了东京市区的汐留。搬迁公司总部是有理由的：一方面，以前，由于我们一直都强调要重视现场工作，所以就把公司总部放在了离羽田机场最近的羽田飞机维修新区内。但是，羽田离霞关、永田町、丸之内（日本政府及大企业总部所在地）以及其他有业务联系的公司都比较远。作为临时措施，我先在霞关设立了一处专供干部使用的办公基地（公司内俗称"小房子"）。对我来说，每天去那里的时间都非常宝贵，我一般都是在车内谈工作或批阅文件的。另一方面，我本人一直都推崇"除了负责飞行的业务部门外，全公司所有部门都应该集中在一起办公"的营业功能集约化模式。乍一看，搬迁公司总部与我正推行的一系列改革自相矛盾，但我依然顶着压力下达了搬迁的命令。

公司总部搬迁后，我神清气爽，精神面貌也焕然一新。我提醒自己，接下来就到了必须兑现"复配红利"诺言的时候了，从现在起，只要是自己能做的，就一定要全力以赴地去做。我非常喜欢一句名言，它也是我敬重的白洲次郎先生最为得意的一句话，即"高贵者的义务"。我认为，在公司里处于经营管理者地位的这部分"高贵者"有义务严于律己，以身作则，于是，我立即

2上·3下 运动

让我们共同节能吧!

总部迁到汐留时公司内部活动的肖像画海报

实施了削减公司领导干部工资的一系列举措,并废除了专门针对公司董事以上领导干部的特殊退休金制度。当然,这么做也不可能达到"复配红利"的目标。接下来,我在自己所能想到的各个领域都大胆地实施了不设上限的彻底改革。

举一个例子。在国际航线上，为了满足年轻商务人士的需求，我们把原来使用的波音747型客机换成波音777型客机，进一步扩大了商务舱的规模。当时有一种说法：使用燃效低的波音747客机飞行，就会越飞越亏。既然如此，我们一不做二不休，在更换机型的同时也顺便改良了飞机的结构。除此之外，我们还从国外各家航空公司那里学到了许多宝贵经验，"星际联盟效应"逐渐显露出来。在国际航线上，我们全力扩充了以中国航线为核心的亚洲航空网络，就这样，努力的效果逐渐演变成了具体的数字。

这个时期，随着羽田机场扩建速度加快，"国际化"也从背后助力了我们前进的步伐。具体地说，为了保障日韩共同举办的足球世界杯赛顺利进行，我们不仅在韩国的金浦机场和羽田机场之间加飞了包机，同时还加飞了由羽田机场飞往中国上海和中国香港的航班。以前，成田机场是日航的天下，但在羽田机场，我们全日空从零开始发展到今天，已经完全可以与日航比肩了。可以说，是羽田机场的国际化实现了我们全日空多年的夙愿。

2004年3月，全日空时隔三年重新扭亏为盈，时隔七年终于恢复了股票分红。同年，在全日空国际航线通航十九年之际，国际航线也首次实现了盈利。曾几何时，负责资本市场运营的那部分人对复配红利持怀疑态度，现在，面对这种结果，他们虽感到惊讶，但也欣然接受。

说句实话，我本人也没想到过真的能恢复股票分红。2002年，公司已经亏损，且已连续五年未能股票分红了。当我宣布次年（2003年）就恢复分红时，不仅是总公司内部，所属各企业传来的质疑和怨言都不绝于耳，还有嘴上劝我，但内心认定我在说瞎话的，肯定也大有人在。

实际上，我的忧患意识愈来愈强：如果再不分红，公司早晚要垮掉，迟早会被银行托管。无路可退时，我下定决心自断退路，做了最坏的打算：大不了就兑现自己许下的诺言，下台回家！

交班

中国明末大儒吕坤在其《呻吟语》中，明确阐述了领导应该具备的三等资质：一等是深沉厚重；二等是磊落豪雄；三等是聪明才辩。猛一看，"聪明才辩"应该位列一等，但实际上，只有"深沉厚重"才有资格位列一等。

2005年初，我把最符合"深沉厚重"特质并兼备胆识的山元峰生副社长指定为自己的接班人，决定把公司的经营大权移交给他。实际上，我从就任社长那天起，心中就认定自己的继任者只能是山元。所以，在一年前，我就有意提拔他，让他超越了许多公司前辈，直接越级成为副社长。从2004年4月起，我开始让他全面负责公司的劳动事务管理工作，并把为恢复分红而需要开展的大幅削减人工费、劳资谈判以及出售酒店等棘手工作全都交给他。2004年初秋,我在暗地里告诉他:"我想让你接任下任社长。"

山元有过管理酒店、人事以及经营企划等部门的丰富经验;此外,他与我一样出生在中国。战争结束前,他也险些丧命,也是历经千辛万苦才从中国返回了日本,与我同属"归国群体"。当然,我提拔他并非上述理由,主要是因为山元对公司未来发展的观点与我完全一致:尽管我们都承认被视为"摇钱树"的北美航线十分重要,但更认同全日空的使命是"成为亚洲第一的航空公司",并愿意携手共同完成这项使命。

另外,我在公司劳动人事部门任职期间,山元在我手下任工资科科长一职。每逢初秋时节,他就会带一些熟柿子到办公室吃。我上午十点过后返回办公室时,总能见到嘴里啃着柿子的山元。从那时起,我就开始注意他,总觉得这家伙与众不同,有那么点意思。如我所料,山元在公司确实留下了几段英武"神话",他踏踏实实地一步一个台阶地升了上来,终于有一天成为我的接班人。

山元制定的经营目标丝毫不逊于我,甚至比我野心更大，他大胆地提出了"3×7构想"。该构想不仅要求公司经营的主力军——国内航线的年营业额超过七千亿日元，同时还要求其他两个部门——国际航线和航空货运各自的年营业额也必须达到七千亿日元。当时，国际航线的年营业额仅二千亿日元多一点，只有该目标的1/3左右；航空货运的年营业额更是少得可怜，只有该目标的1/10左右。因此，想把它们提升至七千亿日元难如登天，特别是航空货运领域的成长难度更大。

为了实现这个目标，我与山元在国家部署的"亚洲门户构想"的基础上，从2009年10月开始实施"冲绳航空物流中心"的战略。该战略根据冲绳那霸国际机场24小时不停航的特点，充分利用夜间航班，用航空货物网络把亚洲各城市串联起来。自此以后，每至深夜时分，从成田、曼谷和上海等大城市满载货物的货机纷纷飞向那霸机场，在这里重新分装货物后，在黎明前又飞向各自不同的卸货地。

为此，我们在半年前就从日本经济新闻社、朝日新闻社以及每日新闻社三家报社手中收购了它们持有的海外报刊普及公司（OCS）发行的33.5%的股份，成为该公司第一大股东。这家公司原本是上述三家新闻社为向海外发行自家报刊而共同成立的国际宅配（户对户快递）服务公司。2010年春，我们还把手头持有的与日本各海运巨头共同成立的日本货运航空公司（NCA）27.6%的股份出售给了日本邮船公司，积极推动了日本物流事业的重组与加强。

现在回想起来，为了提高公司业绩，山元每天都喝到深夜，不仅参加二次会，参加三次或四次会也司空见惯。我还记得，他从担任社长的第二年起，就时常感到身体不适。我在一旁看得心痛，为了替他减轻点负担，就尽可能地替他出席本行业各团体举办的聚会，或者替他去国外出差。

看到一脸倦意、早晨姗姗来迟的山元，我曾很多次关心过他的健康状况。在我眼里，"深沉厚重"的山元是那种不会轻易叫苦的人，直到生命最后一刻，他也从未与我谈过自己的健康问题。就这样，2010年1月30日，他终于倒在病榻上了。

山元离世前一年，就任了全日空副董事长，成功地把接力棒交到了下一任社长伊东信一郎的手中。

但是，病魔的手并没有只伸向山元一人，此时，它也悄悄地将我拽入了属于它的黑暗世界里。

与山元峰生社长（右2）共同出席记者发布会

参与经济界活动

"我们需要新鲜血液,希望大桥先生来担任副会长。"

2008年新春,日本经济团体联合会(以下简称经团联)的御手洗富士夫会长为了劝我参与经团联的活动,对我讲出了上述这番话,令我至今记忆犹新。我二话没说,当场就应了下来,成了经团联的副会长。

以往,经团联的重要职位基本上都由代表日本制造业的冶金和汽车制造企业的头面人物担任,在我之前,还从未有过航空业的代表担任过副会长这等重要的职位。那时,我已经68岁了,但对自己的身体素质还很自信,仍然觉得自己精力旺盛;更重要的是,我有一个愿望:希望为效力多年的航空业以及日本再尽一份力,再出一把汗。

实际上，这并不是我第一次参与经济界活动。2007年5月，我已愉快地接受了日本经济同友会（以下简称同友会）的邀请，出任了该会副会长。众所周知，同友会是由充满创业精神的日本企业经营者组成的个人会员团体。自然，这些会员身上没有教条古板的书呆子气，更不会只是空谈理想，他们都是一些实干家，浑身充满了"向新事物挑战"的无畏气概。我本人很喜欢同友会的活动，但从代表日本航空业的角度出发，我更看重经团联的职位，因为它才是日本经济界活动的核心力量。

在2007年3月召开的经团联代表会上，大丸公司的奥田务董事长、朝日啤酒公司的池田弘一董事长、三菱重工的佃和夫社长、住友商事的冈素之社长等人当选为副议长，这些人都是日本经济界响当当的代表人物，我能够名列其中，真是荣幸至极。第二年，即2008年新春，已经确定继续担任经团联会长的御手洗先生按约定起用了三井物产公司岩佐弘道社长、东京电力公司下任社长清水正孝和我担任了新一届副会长。

在我被确定为副会长之际，一个名叫土光文夫的远房亲戚给我打来电话。这位土光先生其实就是那位因被称为"合理化先生"或"腌鱼土光先生"而闻名于世的第四代经团联会长土光敏夫的亲外甥。"小洋,太好了!恭喜你呀!"电话那边,他流着眼泪向我道贺。他的话更让我深感责任重大。

但一切变化得太快,让人猝不及防。第二年3月,我突然患上了脑栓塞,不得不住院治疗。所幸病情较轻,主治医生告诉我两个月后就能康复出院。两个月后的5月份,经团联将召开一场大会,会后还有一个记者招待会等着我发表演说。万幸的是,正如主治医生说的那样,我基本恢复到了正常的身体状态,但由于受到暂时性后遗症的影响,我的口齿变得有些不清楚,像日文字母中的"ra、ri、ru、re、ro",我发音都不标准,讲出来后就变成了"a、i、u、e、o",这让我十分困惑。

那时,尽管我并不愿意向周围人透露自己的病情,却不能不告知经团联。经团联的办事人员听到后,忐忑不安地悄悄问我:"大桥先生,您真的行吗?"其实,连我自己都在心里反问:"你到底行不行?"最终,通过一对一的特殊训练,我终于渡过了这个难关。

就这样，我出任了经团联的副会长，并担任了经营劳动政策委员会委员长一职。对此，全日空原社长普胜清治鼓励我说："实质上，你等于担任了日本经营者团体联盟（以下简称日经联）的会长，责任重大，你要好好干！"

众所周知，现在的经团联是2002年在旧经团联（经济团体联合会）与日经连（日本经营者团体联盟）的基础上合并成立的经济团体。日经连曾是日本四大经济团体之一，以"我们作为经营者，不仅要开展正确经营，也要变得更强大"为口号，目的是通过参与工资谈判，建立起和谐与稳定的劳动关系。普胜先生曾经参与过日经连的工作，他的那些话，在我心中掀起了巨大波澜。

在普胜先生的激励下，我一边认真观察处于激烈变革中的日本劳动环境下正规与非正规的用工制度，一边积极地为建立政府、工会和资方之间的和谐关系而四处奔走。此外，我们也从民间立场出发，积极协助日本政府推进"跨太平洋伙伴关系协定"（TPP）的谈判。就这样，在不知不觉中，我很快地就结束了为期四年的两任副会长的任期。

今天，日本还有一个与经团联地位相等的经济组织，叫作日本商工会议所。现在，我仍然担任着东京商工会议所（日本商工会议所所辖最大的地方组织）的特别顾问以及交通运输部会长一职，并积极参与该会议所举办的相关活动。1964年，东京举办了奥林匹克运动会，那一年也是我进入全日空工作的第一年，那场奥运盛会我至今难以忘怀。现在，我正通过东京商工会议所积极开展活动，希望能为第二次在东京举办的奥运会及残奥会尽一份绵薄之力。同时，我对自己能在有生之年第二次看到东京举办奥运会而感慨无限。

在我参与日本经济界的活动期间，结交了许多公司以外的好朋友，他们已成为我人生中最宝贵的财富之一。借此机会，谨向协助我工作的事务局的办事人员及相关人士，深表谢意！

担任经团联副会长期间，我（右二）与御手洗会长（左三）等人的合影

爱搞恶作剧

我从小就很淘气,进入公司后,我搞过各种各样的恶作剧。在前面,我专门介绍了在人事部供职期间搞过的恶作剧——我曾把野村的办公桌每天都挪动一点,最终完全改变了方向。除此之外,我还搞过许多针对同事或前辈的恶作剧。

有一次恶作剧是在我刚刚走上领导岗位时搞的。那时,我把从东急手创馆买来的儿童玩具水枪偷偷带进了办公室。一天,在我们开办公会时,我趁一位同事一本正经地发言之际,偷偷取出了水枪,从桌子底下对准他的裤子发动了偷袭。那位同事感到自己的裤子湿了后,当场傻眼了,低头看了看桌子下面,却什么都没有发现。过了一会儿,我又偷偷展开了第二波"攻击",他几次向桌子下面张望,又瞪大了眼睛反复地扫向周围的同事，想要找出是谁搞的鬼。我用余光偷偷地瞄了瞄"被害者"的脸，故意表情严肃，装出一副认真听讲的样子，强忍住没有笑出来。这种恶作剧我搞了几次都没被发现，直到后来的一次会议上，由于他把手放在裤子上时我误射了水枪，这场恶作剧才被当场戳穿。

自然，故事不会就这样简单地结束。一天，当我回到自己的办公桌时，这位"被害者"用焦急的口吻对我说："大桥，你去哪儿了？领导找你，让你赶快去参加公司正在召开的干部会！"那时，我只是一个小领导，与公司的高层干部会根本扯不上一点关系，突然被点名开会，肯定出了什么大事。我当即惊出了一身冷汗，急忙闯进了气氛凝重的干部会会场，坐在后排等待他们的询问。

看到我坐了下去，我的顶头上司野村董事一脸惊讶，脸上明显露出了不悦，用眼神示意我赶快出去。我像丧家之犬般被赶出了会议室后，才恍然大悟——自己被他耍弄了。此刻，我终于明白了这是他对我用玩具水枪"袭击"他的报复，是他编造假话，让我去参加根本没叫我参加的干部会，让我在领导面前丢人现眼。俗话说，不是不报，时候未到，怪就怪我高兴得太早了，让自己吃了一个天大的哑巴亏。

此外，我还搞过一次伪造出租车乘车券的恶作剧。工作中，我们可以免费使用公司发放的出租车乘车券。一天，我看着公司发下来的出租车乘车券，突然产生了一个奇葩念头："如果我能做一些出租车乘车券发下去，大家一定会高兴的。"于是，我就立刻动手做了起来。正规出租车乘车券背面都统一印有私人出租车的专门标志"灯笼"印记，而我在自己精心绘制的出租车乘车券背面，用魔术笔画上"温泉"印记代替了"灯笼"印记。我抑制不住兴奋的心情，做完后立刻就分给了周围的同事。没想到，还真的有人使用了这张假券。收到假券的出租车司机当场就发飙，怒斥道："这是什么鬼东西！"

在担任成田机场支店长期间，我还专门伪造了自己的印章。当然，不会是"大桥印鉴"，因为这样做太没有创意了。开始时，我找人刻了一枚"云黑斋"的印章，看似风流文雅，但如果按日文音读的话（日语发音的一种读法），这个名称并不风流文雅。于是，我听从一位部下的建议，把"云黑斋"改成了"云竹斋"。今天，也许在某个角落里，还趴着盖有这个"风流文雅"印章的会签文件吧。

"曼珠沙华，淘气禀性难移。"

这是我搜肠刮肚创作的日文俳句（日本诗词），我自认为属上乘之作，你们觉得还上口吗？我一生都快乐工作，笑对人生，时至今日，我仍然会偷偷地策划一些让人啼笑皆非的恶作剧，并不时寻找一些新的戏弄目标。当然，我本人也被他人耍弄过……江山易改，本性难移，我相信，这个"恶习"终将会伴随我一起步入坟墓。

在札幌支店恳谈会上的搞笑照片（2016年7月）

第五章 继续逐梦

死里逃生

事情发生在我任董事长期间,那是2011年3月18日7时后。那时,离那场噩梦般的日本大地震刚刚过去了7天。前一日,为避开东京大规模有计划的停电,我提前住进了位于东京溜池的全日空洲际大酒店。第二天一早,我像往常一样起床后开始洗漱,做上班前的准备。

原本,我应该与秘书原雄三于早晨8点整在酒店大堂会合。但是,我像往常一样在洗漱间刷牙时,突然感到身体不听使唤了,然后就莫名其妙地向前倾斜。我顿时感到大事不妙,急忙把手伸向床边的电话,但为时已晚。我想大声呼唤,但喉咙里根本发不出声音来。

余下的事都是我后来听说的。原秘书比较机敏,8点一过就来到我的房间门口,想看看究竟发生了什么情况。因为我平日里时间观念很强，但那天过点了还没有到，他觉得情况有点不对。透过门缝，他看见了倒在地上的我后，立刻拨打了前台电话。在请人用钳子剪开闭门锁链期间，他给我的主治医生打了电话，并叫了救护车，做好了送我去医院的准备。

"你还好吗？一定要挺住！"时至今日，我还恍恍惚惚地记得有人这样向我喊道。此次，袭击我的病魔不是脑栓塞，而是脑出血。由于我的血压急速升高，主治医生当即把我送进 ICU 病房，意图先稳住病情。从这一刻起，我大约一个半月没离开过病房。当然，这一年 4 月份的日记必然是一片空白，我脑海里也完全没有存储 2011 年 4 月份的记忆。

回想起来，自从我担任社长后，又相继担任了董事长、经团联副会长等要职，一直都马不停蹄地忙于公务，每个月要出差 4 次以上。平日里，我也频频参加各种聚餐，每次正式聚餐结束后，几乎都要参加二次或三次会。每天晚上，我要在一个多小时里喝掉 10 杯以上的双份日本烧酒。此外，在周末和节假日时，我还要陪同客人一起去打自己钟爱的高尔夫球。其实，我对自己的身体状况心中有数,知道自己的身体状况并不太好,但由于每天都忙于工作,也只能听之任之了。

如果一定要找病源的话,我觉得首先是自从我担任经团联副会长以后,以前从未接触过的经济界活动使我的神经一直处于紧张状态;其次是刚刚发生的这场前所未有的大地震,让我压力剧增;还有是在病倒前几天,我出差时贪吃了许多甜食;最后就是我在病倒的前一天中午喝了大量绍兴酒和冲绳产的泡盛烧酒。这些都有可能导致这场病。

尽管我这次又被紧急送进了 ICU 病房,但幸运的是,与上次患脑栓塞一样,我再次奇迹般地康复了,没留下后遗症。医生说,倘若出血部位再偏离一厘米,我就再也不能走路或讲话了。"我保你夏天就能打高尔夫球!"医生告诉我 6 月份就能出院。果不其然,我 6 月份就出院了,但因恢复体力需要一定的时间,所以没有马上投入公司的工作。

当时,我已经被邀请担任当年 7 月份在长野县轻井泽举办的经团联夏季研讨会的议长一职,为了尽快恢复身体,我没有向外界透露自己病倒的实情,而是尽可能找一些理由推辞了各种邀请。最终，我总算平安无事地完成了从主持研讨会到出席记者招待会共两天的会议日程。

研讨会结束后，知晓内情的小松制作所坂根正弘董事长、东日本铁路公司（JR）大塚陆毅董事长都对我说："这次真难为你了，干得不错！"同为副会长的三井不动产公司岩沙董事长还专门在蓼科高原温泉设个人宴犒劳了我。那时，周围朋友们的热情关怀温暖了我的心。

两次死里逃生，让我深深懂得了健康的重要性。有一段时间，我把每天的卡路里摄取量控制在1500卡以内，体重由最高峰时的80千克锐减至60千克；另外，我每一个半月接受一次医学检查；为了改善腰部不适，我每周还去接受一次理疗。

以前，我是通过吃喝来缓解精神压力的，所以，酒对我来说是绝对戒不掉的东西。为了能喝酒，我死皮赖脸地央求医生。由于被我缠得实在没办法了，他只能勉强同意道："你每天最多只能喝两杯葡萄酒，而且必须慢慢喝。"从那以后，我只好不顾周围异样的目光，努力坚守着"两杯"的原则。因为倒给我的那杯酒的分量少,我还是忍不住多次发过火。

左边的照片是病倒前的我,右边是瘦了 20 千克的我

B787 与 MRJ

2011 年 9 月 28 日，全日空引进的由美国波音公司制造的全球首架中型干线客机 B787 飞抵日本，比我们最初预订的到货时间大约晚了三年零八个月。但由于全日空是世界民航企业中唯一一家支持和参与设计开发客机的航空公司，我们仍感到无比喜悦。

同样，日本的三菱重工、川崎重工、富士重工等企业也参与了波音 B787 的开发与生产。B787 部分机体采用了东丽公司生产的碳纤维产品，该机最大的优点是不仅保持了大型客机原有的续航能力，还能节省 20% 的燃油。正是基于这些优点，全日空才于 2003 年在全球率先订购了该型号客机。

2004 年，在我还担任社长期间，就开始考虑为被称为"巨无霸"的波音 747 寻找后续的替换机型。听说我们有了这种想法后,美国波音公司负责人向我们推荐了具有全新概念的被称为"超音速巡洋舰"的新机型。

在记忆里,大家也许对那架英法联合生产的、曾飞翔在伦敦至巴黎间的超音速客机"协和号"情有独钟。其实,为了减少飞行阻力,提高飞行速度,"超音速巡洋舰"同样采用了窄长的机体。该设计使从东京至纽约的飞行时长缩短至10个小时,但与"协和号"一样,由于机体狭窄,舱内面积变小,该机型的最大载客量低于200人。这成为它最大的弱点。

当然,如果能将东京至纽约间14个小时的航程缩短一半,控制在7个小时以内的话,也许我们还有考虑的余地。只缩短至10个小时,对我们来说,吸引力就大打折扣了。当我们拒绝了该方案后,波音公司又拿来了与缩短飞行时间完全相反的设计理念,推荐了重视节油的方案。

该机型采用了大量新材料,减轻了机体重量;同时采取了日美合作的生产方式,新机型代号暂定为"7E7",也就是后来批量生产的B787客机。与大家猜测的一样,代号中的"E"代表的就是"经济(economy）",也就是节省燃油和提高燃油效率的意思。

众所周知,"巨无霸"B747最初不是作为大型客机设计开发的,而是在研发大型运输机过程中衍生出来的副产物。因此,如果追溯后继机型B787的源头,可以说,它是从超高音速客机"超音速巡航舰"的开发计划中派生出来的机型。

在那以后,以B787为基础,我们又陆续引进了B787-9、B787-10等加长版客机。机体加长后,飞行续航里程自然就加大了。自从这些飞机成为我们飞行队伍中的主力军后,以前我们无法向旅客提供的各项服务也就可以提供了。

在节省燃油的同时,作为航空公司,我们也没有忘记缩短飞行时间的使命,我们的终极梦想是向旅客提供用五六个小时就可以往返东京和纽约的飞行服务。目前,我们只能期待着下一代"超音速巡航舰"的问世了,我估计在2050年前后就有可能实现这一梦想。

B787的时速是一千千米,"协和号"是它的一倍,时速两千千米。一般飞行器的飞行高度为一万米左右,飞行速度越快与空气之间的摩擦就越大,所以像"超音速巡航舰"这类飞行器的部分飞行高度应该是在平流层内。我相信,在不久的将来,我们完全可以享受到一种跨时代的飞行感受。

全日空在支持 B787 客机发展的同时,也一直关注着日本国产客机的发展,对继国产 YS-11 之后正在开发中的"未来之翼"国产小型客机 MRJ(三菱喷气式支线客机,现更名为三菱 Space Jet)寄托了无限希望。

初始阶段,三菱重工可以设计生产能搭乘 30 名旅客的小型客机。我当上全日空社长后,立即向他们提出了"最少也得能搭乘 70~80 人"的要求。除此之外,我还提出了更苛刻的要求,"希望能在 2008 年北京奥运会前交付使用"。我深知这个要求难以实现。其实,我从担任常务董事以及副社长起,就一直关注着 YS 客机之后的国产客机的发展,为了向他们表达我的迫切心情,才讲出了上述这番话。由于该要求难以实现,自然就被他们一口回绝了。

继全日空之后,我们的竞争对手日航也决定引进 MRJ 客机,同时,他们也没放慢引进巴西航空工业公司生产的同类型客机的步伐。此种情况下,只有我们全日空"一意孤行",坚定地把自己与日本制造绑在了一起。围绕国产 MRJ 客机后续发生的事情,我就不在此多讲了,尽管它离正式起航还有许多艰难曲折的道路要走,但我真心希望它能取得最后的成功。

2011 年交付的首架 B787

日航破产事件

2010年1月19日,日航集团总公司协同下属两家分公司(日航国际和日航金融)一同向东京地方法院申请了破产保护。同日,破产手续被法院正式受理。

截至破产,日航集团负债总额高达2.3万亿日元(当时约合人民币1500亿元),这成为日本历史上除金融业以外的最大破产案。东京证交所公告称,从当日起一个月内,日航股票被指定为退市整理股票;从2月20日起,日航股票将退市。那个昔日风光无限、头顶日本民航业巨头光环、身披日本象征"仙鹤"的日航就这样破产了。

我在前面的篇幅中谈过,自入行以来,我就一直怀揣"赶超日航"的想法,将日航视为赶超对象,所以,它的破产对我打击之大可想而知。在其破产之前,我就听说了"日航资金周转困难"和"日航可能要破产"的传言。

日航深陷经营困境时,正是日本政权由自民党转到民主党手中的那个时期。但实际上,为了挽救日航,自民党在政权末期就专门成立了特别工作组,开展了相关活动。当时,社会上也传出了各种版本的拯救日航的措施,其中还有过"由全日空接管日航国际航线"的传言。社会上的一些好事者甚至按日文字母排序,编排了两家公司的新名称"JANA"或"ANAL"。

日航尽管破产了,但等待它的是强大的公共援助,这反倒加剧了全日空的危机。同年4月,全日空伊东信一社长在出席众议院国土交通委员会会议时,谈到了政府援助日航一事给全日空带来的担忧:"这种援助会扰乱(航空公司间的)竞争环境。"他还强调:"无原则的重建计划已经让我们产生了巨大的危机感,我们将密切关注。"

全盛期的日航人高高在上,对待像我们这样的后起之秀及未来的竞争对手多会毫无保留地"赐教"。回想起来,日航不仅在国际航线上,即便在(全日空的主战场）国内主要航线上，也非常自负。我承认，日航在国内外都拥有完善的网络和丰富的经营资源。

另外，我听说，日航内部经营部门出身的干部与劳动人事部门出身的干部内斗十分激烈；再加上日航虽属民企性质，却患有类似国企的"太子病"。这些均严重影响了企业的经营管理。日本著名的企业家、京瓷公司创始人稻盛和夫被当时的日本政府委以重建日航的重任后，一眼就看出了问题的根结所在，并彻底纠正了这股不正之风。

在他的带领下，2012年3月，日航集团取得了有史以来的最高纯利润——1866亿日元（当时约合人民币150亿元）。在短短两年时间里，日航就从申请破产奇迹般地实现了重生，迅速完成了重建工作。同年度（2011年4月~2012年3月），全日空也取得了有史以来的最高营业利润——970亿日元，而同年度日航的营业利润竟高达2049亿日元，规模是我们全日空的一倍以上。又过了半年，2012年9月19日，日航经过两年零7个月的努力，股票再次在东京证券交易所上市。

2017年7月，日航终于摆脱了《8·10公文》的束缚，彻底恢复了自主经营状态。所谓《8·10公文》，是指日航由于接受了企业重建援助机构（现改称"振兴区域经济援助机构"）的出资以及在放弃债务等各种救济政策中获益，日本政府以"有可能对竞争对手产生不利影响"为由，于2012年8月10日制定的限制日航开展新投资以及增设新航线的政府公文。取消该限制后，日航重新恢复了经营自由。

在日航，从年轻一代人到中高层管理干部都深受"稻盛哲学"的影响，企业的精神面貌焕然一新，风气全面好转。可以说，以前我们全日空拥有的那股积极进取的企业精神出现在了日航员工的身上，他们重新拥有了"站在顾客立场上看问题"的积极态度以及旺盛的经营斗志。今天的日航已经脱胎换骨，再也不是过去的那个懒散的日航了。

回过头来再看看我们自己，全日空有新变化了吗？国内航线业务稳如磐石了吗？国际航线充分完善了吗？为旅客提供了满意的服务了吗？牢记"重视安全和安心"的初衷了吗？从日航恢复经营自由的那一刻起，全日空又将同浴火重生的日航开展新的面对面的竞争，我再次感到了巨大压力。只有不断总结经验教训，牢记历史使命，认真查找不足，全日空才能在激烈的竞争中永远立于不败之地。

实施 LCC 战略

"我们能否一起搞点事业？联手做一家 LCC（廉价航空公司）？"

2005 年 2 月，在由世界各国政要和经济界领袖等世界名流组成的瑞士达沃斯世界经济论坛上，我第一次见到了总部设在中国香港的香港第一东方投资集团的诸立力董事长，他对我讲了上述这番话。

在几天的达沃斯论坛上，通过多次交往，我加深了对诸立力董事长的了解：他是达沃斯论坛的核心人物之一，原本是法学家，现在领导第一东方投资集团，是知名的国际投资家；他担任过许多世界著名大企业的董事，是一位名副其实的国际派；他拥有遍及全球的人脉关系和情报网；他性格开朗，为人豪爽……不知不觉中，他成为值得我信赖的人。

2008年底，诸先生一行访日，我与当时的户矢副社长、竹村董事等一起，在东京赤坂新大谷酒店的一间和室里会见了诸先生一行。自第一次见面到现在，已经过去了四年。这次见面，我们就以全日空为主体打造LCC事业交换了意见。诸先生当场表态："我们不缺钱，就让我们一起联手打造（LCC）吧！"他的激情深深打动了我。就这样，2011年5月，我们双方合资成立了廉价航空公司——乐桃航空。

当时，公司管理层内部持否定意见的大有人在。他们认为，为旅客提供包括从头等舱到商务舱以及经济舱在内的全方位服务（FSC）才是航空公司的使命与正道，成立LCC后，全日空的客源难保不会被抢走；甚至"LCC算什么东西""全日空不应该搞LCC"等难以入耳的骂声不绝于耳。

从全球民航业发展的趋势上看，搞LCC已是大势所趋。像美国的西南航空和以迅猛之势席卷欧洲航空市场的爱尔兰籍瑞安航空等活力四射的航空公司都属于LCC。如果我们再不有所作为，就跟不上时代发展的潮流了。

公司内部的意见不统一和国际航空市场发展大势令我焦虑万分。在一次经营会议上，为了激发大家的改革意识，我大声呼吁道："如果我们全日空真的输给了LCC，那就让它吞并我们好了！"最终，公司内部在组建LCC的基本构想上达成了一致，同意组建一家"不走FSC路线，不属于全日空的子公司，同时在经营上可以自由发挥和独立思考的新型LCC"。

在筹建新公司期间，被誉为"不世之才的经济型官僚"，后成为政府财务部副部长的香川俊介向我推荐了官民共建的中期国债基金管理机构——日本产业革新机构（INCJ）。INCJ对乐桃航空的创新性及未来性评价很高，在出资方面，更是成为我们最大的援军。这一切多亏了香川先生的鼎力相助。对于他的去世，我感到非常遗憾。

围绕着如何才能让乐桃航空取得经营上的成功，我与诸先生在公司成立之后仍然定期举行会谈。我们一致认为，必须让"乐桃"脱离母公司独立经营，给它营造一种自由发挥和敢于挑战的企业氛围。每次见面时，我们都会畅想"乐桃"的未来，都希望它能早日冲出日本，从一家纯属日本的 LCC 发展成可以代表全亚洲的 LCC。我们相信，总有一天，"乐桃"会把亚洲的天空染成水蜜桃般的颜色。我们发誓，要为实现这个目标而共同携手努力。

诸先生在全球范围内都有投资项目，在众多项目中，唯独钟爱"乐桃"。他在欧美政经界有许多朋友，每次与他们交谈时，都会特意谈到"乐桃"。有一次，他的多年好友、英国前首相约翰·梅杰到访诸先生设在中国香港的总部，他们谈话的大部分话题都涉及了"乐桃"，听了好半天之后，梅杰首相才明白诸先生谈论的"乐桃"并不是桃子这种水果。为了宣传"乐桃"这家廉价航空公司，诸先生不遗余力地向世界级别的名人介绍它，让我感到十分荣幸。

通过"乐桃"，我与诸先生结下了不解之缘，从那以后，我们在各种场合合作的机会就日益增多。其中，我们一起参与了美国著名智囊团"大西洋理事会"举办的"全球公民"奖（Global Citizen Awards）表彰活动。该奖每年对在世界范围内做出杰出贡献的人物予以表彰。有一年，诸先生担任该大会议长。2012 年，我也接受了该组织的邀请，担任了大会联合议长一职。在我们表彰的人物中，有基辛格、昂山素季、李光耀、绪方贞子等世界名人。在议长和联合议长主持的颁奖仪式上，许多欧美政经界的人物都会出席。每每这种场合，诸先生都会毫不吝惜地把自己的国际人脉资源介绍给我，并且向他们广泛宣传我们的公司，俨然已经成为全日空的代言人和忠实粉丝。

对我和诸先生来说，达沃斯论坛是一个难以忘怀的地方。若干年之后，在2017年举办的达沃斯论坛上，全日空的片野坂真哉总裁当选为该论坛国际商务分论坛的成员。商务分论坛是达沃斯论坛的一个重要会议团体，只有全球著名企业的一把手才有资格成为正式成员。在全球的民航企业中，全日空是首家成为该分论坛成员的航空界企业。全日空从一家只有两架直升机、在远东地区东籍籍无名的小企业，到成为首家商务分论坛的航空企业，再到如今有机会与世界一流的大企业共商全球大事，这一切都应该感谢诸先生为我们创造的宝贵机会。此外，我本人也特别感谢诸先生，是他让我重新认识到在世界范围内不分东西南北广结人缘的重要性。

2011年7月,我们射出了JCC战略的第二支"利箭"——与亚洲最大的廉价航空公司——亚洲航空公司(亚航)达成协议,双方决定在日本合资成立一家新的廉价航空公司——"亚洲日本"。两年后,由于我们与亚航的最高经营者托尼·费尔南德斯在经营方针上产生了分歧,经过协商,双方一致同意解散该合资企业,由全日空接盘成田机场至新千岁机场、成田机场至福冈机场的国内航线以及成田机场至首尔机场的国际航线等业务。随后,全日空把上述业务转交给了新成立的香草航空公司负责运营。

2019年,"乐桃"与"香草"两家公司合并,统一使用了"乐桃"的品牌。为了巩固和加强经营基础,该公司正致力于提高国内市场的占有率以及扩充飞往东南亚的中程廉价航空线路。

在诸先生的熏陶下,"乐桃"CEO井上慎一如今已经成长为日本航空界具有代表性的经营者之一。早在"乐桃"与"香草"合并大会上,他就强调了两家公司合并的合理性:"我们之所以选择这么做,正是为了在与国外LCC进行的激烈竞争中求得生存。"此外,全日空控股集团（HD）片野坂真哉总裁也在合并大会上充分表明了全日空集团愿意全力支持新公司发展壮大的鲜明态度，他讲道："如今，在两家公司经营状态良好、外国人访日需求与日俱增，以及地方创收气势日益高涨之际，我们选择让两家公司合并，对它们来说都是一个千载难逢的发展机遇。"

我之所以坚持 LCC 战略，就是因为看到了迅速成长中的"亚洲天空"具有的巨大潜力。从"飞机公交化"的角度来看，以往的那种 FSC（全方位服务）形态已经不可能满足日益多样性的旅客需求了。据我的判断，即便是全日空此时不出手，外资也早晚会进入日本的 LCC 市场。

便宜不等于不好。今天，我们已经进入了在确保安全的前提下，通过 LCC 享受"轻松惬意天空之旅"的时代。今后，我希望通过 FSC 与 LCC 的相互搭配，为从儿童到老年人的所有年龄段的旅客都能提供令人满意的空中服务。

在全日空集团拥有 FSC 与 LCC 两种不同属性的公司，具有深远的意义。满足顾客需求与追求公司长远发展是所有航空公司的终极目标,我们完全可以从不同角度,通过不同的做法更好地兼顾二者。在此过程中,只要能把握好尺度,创造出一种良好的竞争环境,余下的都不应该成为问题。

在现实生活中,什么都要求一致的话,这个社会反而会变得单调乏味。以我在 2019 年看过的在日本举办的橄榄球世界杯赛为例,参赛的每支队伍中都拥有不同类型的选手,有体格强壮的且个头高大的,有个子矮小但速度很快的,也有不同国籍的,虽然各不相同,但每位选手都能在球队中充分发挥出自己的特长,起到重要的作用。这样的球队才是一支实力强大的球队,才是一支能夺冠的球队。

在经营上,我们也应该采取相同的做法,包容不同的经营方式,让它们发挥出各自的作用,在竞争中不断完善自己。这一点对我们至关重要。对全日空集团来说,成立 LCC 不仅能使其实际感受到上述情况,也为全日空观察和了解世界开了一个好头。

冲绳畅想

当我把社长权杖交到山元手中时,也一并把筹建"冲绳货物集散中心"的构想交给了他。在时间上,冲绳那霸机场具有 24 小时营业的特点;在地理上,它恰好位于日本、中国和东南亚各国的中间,位置十分重要。尽管那时民航业前景向好,但全日空仍然需要一个持续的增长点。我坚信,只要冲绳能成为全日空旅客和货物运输的重要集散地,我们就一定能实现持续增长。此外,全日空注重在飞机维修领域的发展,在 2015 年成立了"MRO 日本公司",又于 2019 年在那霸机场建设了维修机库。该机库不仅维修全日空的飞机,也广泛承接其他航空公司的飞机维修业务。因该维修基地的雇员基本上都是冲绳本地人,因此在某种意义上,我们对冲绳的经济发展也做出了一定贡献,回馈了冲绳人民。

姑且不谈在此设立企业的重要战略意义，对于出生在极寒之地佳木斯的我来说，仅仅冲绳那温暖宜人的气候以及慢节奏的生活，就特别吸引我，我没有理由不喜欢上冲绳。今天，最让我遗憾的是再也不能像以前那样大口地喝酒了，因为一旦拿起酒杯，周围都是严厉监视的目光。但只要有人问我喜欢喝什么酒，我脱口而出的就是冲绳产的泡盛烧酒。除了泡盛烧酒，这里还有我喜欢的黑毛猪肉、凉瓜、荞麦面和新鲜水果，总之，我觉得这里的什么都好吃。相比于吃的，我更喜欢冲绳人敞开胸怀热情欢迎八方宾客的豪爽性格。

其实，不仅是那霸，石垣、宫古等岛屿都给我留下了许多难忘的回忆。除了生活在冲绳本岛上的人，那些生活在离岛上的人为了维持生计，也需要发展观光旅游事业，因此，通航是他们吸引观光客的重要途径之一。在这些岛屿尚未有全日空的直航航班前，全日空控股集团副总裁竹村滋幸就频繁出入各岛屿，成为促进全日空与各岛屿之间交流的先驱者。当然，他这么做可谓公私兼顾，既兼顾了工作，又满足了自己的兴趣……

通过这种交流，不仅直接促使全日空开通了那霸至石垣岛的航线，进一步加开了石垣岛直飞日本本土的往返航班，也为全日空在当地培养了大批粉丝。时任石垣市观光协会会长石垣信亨以及在当地广受观光客喜爱的礼品店"濑户商店"的女老板、被称为"濑户婆婆"的濑户静等人，后来都成为全日空的铁杆粉丝，正是这些人积极支持了全日空的航空事业。不知道为什么，这位"濑户婆婆"总是夸我长得像帅气的男演员长谷川一夫，除了她以外，没有一个人对我说过同样的话。即便是到了今天，只要一想起这二人，我心中就充满暖暖的回忆。

我每次前往冲绳岛，主要由岛上青年和观光企业组成的"全日空飞友会"都会热情地款待我。现在，我仍然保存着他们为全日空直航航班的招商活动专门拍摄的活动录像，这里面包含了他们付出的艰辛和寄托的梦想。我怎么也没想到，自己的工作能带给他们这么多快乐，能帮助他们实现心中的梦想，这让我感慨万分。因此，每当我回看这些录像时，都会被感动得热泪盈眶。

我也亲自参与了在宫古岛开展的全日空东京直航航班的招商活动。今天，在东京直飞石垣岛和宫古岛的航线上，全日空都选用了大中型客机。通过努力，使全日空能把冲绳各岛的迷人景色介绍给更多的人，我感到无比自豪。据说，我名字中的"洋"字是父亲取自太平洋的"洋"，直到如今，我才真正感受到我的名字已与冲绳大海的美丽景色交融在一起，它随时都会让我想起那片湛蓝色的海洋。

在石垣岛与岛民们的合影
前排左一是原副社长竹村、中间是我（摄于2017年10月）

成立全日空控股集团

2012年2月17日，全日空宣布将于次年4月1日起实施控股公司制，并将原有的法人"全日空航空股份有限公司"更名为"全日空航空控股集团公司"（HD）。一年后，我辞去了全日空董事长一职，正式就任全日空控股集团首任董事长。

自从1997年12月，日本解除了企业股份制的限制以来，各公司纷纷把股份制公司更名为控股集团公司，这俨然成为当时的一种时尚。但是，说句老实话，我开始时对向控股制转移是持怀疑态度的。再加上廉价航空的乐桃航空和香草航空尚未成立，我更对它的必要性产生了怀疑。在高层管理干部中，伊东信一社长属推进派，我本人持有的是"如果大家没异议我也赞同"的模棱两可的态度。

全日空选择的控股形式是控股集团本身不参与经营的管理模式，是"纯粹的持股集团"，结果就造成了一种怪象：集团近90%的收益都来自下辖的全日空一家企业。换句话说，只要实体企业经营得好，控股公司就能活得好好的。

原本是为了加强对企业的管理及提高经营的效率才引进的控股制度，到头来却变成了对实体企业实施双重领导的制度体系；如果再对企业的经营产生不利影响，真可谓赔了夫人又折兵。作为首任控股集团董事长，我的心情非常复杂，一直陷在苦恼和不知所措中。在引进控股制度一年左右的时间里，我甚至产生过"干脆取消控股体制"的念头。

通过在失败中不断摸索，我终于对控股体制有了新的认识：只要能在人事上把好关，就可以事半功倍；另外，控股体制的作用不应该局限在航空业的范围内，而是应该成为我们观察世界以及加强全日空与其他公司联系的眼睛和渠道。因此，控股体制的真正使命应该在于为企业经营获取有形或无形的资源。

在全日空向控股体制转移期间，我也有了意外的收获。2012年春季,也就是我脑出血病倒后的第二年,我有幸获得了日本国旭日大绶章的荣誉。这是日本航空界人士首次获此殊荣,为此,公司里部分人自掏腰包,为我在东京溜池的全日空洲际大酒店召开了庆祝会。

在300多人参加的庆祝晚宴上,我在周围人的催促下登台发表了演说。望着台下的与会者,我心潮澎湃,感慨万分。人群中,有我在新员工时代的老领导藤原享一,是他从"1、2、3"开始手把手地教会了我工作,有在"公司内讧"中辞去社长一职的普胜清治,也有与普胜一派誓不两立的另一派人马,但他们每个人的脸上都洋溢着发自内心的喜悦。

望着眼前的光景,我再次深深地感悟到全日空首任社长美土路昌所倡导的创业理念"和谐精神"的重要意义,美土希望全日空每一位员工都能互相帮助,互相扶持,目标一致,共同前进。那一刻,我在心中再次暗暗发下誓言,一定要发扬这种精神,与大家同心协力,把全日空建设得更美好。不知不觉中,我向全体与会者讲出了这番话:"这不是我个人获得的勋章,它应该属于多年来一直奋战在全日空的各位同事。因此,我应该在此向你们各位表示衷心的祝贺。"

今日，我的头衔竟然与昔日大恩人冈崎嘉平太先生相提并论，成为公司顾问，为此我不胜惶恐。成为顾问后，我几乎不再参加控股集团的会议了。我对以片野坂总裁为首的控股集团经营管理层百分之百地放心，彻底地放手让他们去干了，这样一来，有关经营方面的具体信息也就不再告知我了。这虽然有点伤感，但反过来看，我也彻底地解放了，每天都能享受自由了。对我来说，难道还有比这更奢侈的生活吗？

在旭日大绶章颁奖仪式上与历代秘书合影留念

梦中的"空中丝绸之路"

曾担任日本美术学院理事长,也是日本最具代表性的著名画家平山郁夫先生,终其一生都在以丝绸之路为题材进行创作。许多人都为他那宏大、梦幻般的画风而折服,我也是其中之一。

平山先生生前是全日空的超级粉丝,我们之间交往密切。说句实话,我很早就对他有亲近感,是因为我心中也有一个丝绸之路的梦想。我把这一梦想寄托在最钟爱的全日空身上,希望有一天,它能将"空中丝绸之路"的梦想变为现实。

众所周知,丝绸之路分为陆上丝绸之路和海上丝绸之路,最早是运送丝绸、香料和珍奇物品等商品的贸易通道。丝绸之路不仅促进了商品交易,还通过人与人之间的交往进一步了扩大了东西方文化交流,创造了新的文化和价值观，对整个世界都产生了巨大影响。现在，中国又提出了现代版丝绸之路——"一带一路"倡议。与古丝绸之路只涉及陆地和海洋不同，"一带一路"倡议还谈到了空中之路的构想。这与我的梦想不谋而合。我的梦想是通过全日空开辟出一条从日本出发，经由中国、中亚，到达中东和欧洲大陆的"空中丝绸之路"。我相信，通过人与人之间的交往以及文化与文化之间的交流，一定会为我们的未来开辟出一片新天地。当然，如果全日空能在这方面有所作为，我会感到万分荣幸。

2017年4月1日，平子裕志担任了全日空的社长。在我看来，他既是松明的第五位继承者，也是第二位有过海外支店长经历的社长。在新老社长交接班的记者见面会上，平子社长就日益变化莫测的国际形势阐述了自己的观点，他说："充分发挥全日空的韧劲，保持持续发展是我任期中的重要使命。"

如他所言，全日空如今的经营环境并不乐观。但我坚信，在拥有丰富海外工作经验的平子社长的领导下，在公司各部门年轻员工们的一致努力下，未来的全日空一定会成长为世界航空界的领军企业。为此，我期待全日空全体人员都能努力做到众志成城、坚韧不拔、踏实肯干、做好自己，争当亚洲第一。

2017年4月16日是冈崎嘉平太先生的诞辰，我选择在这一天访问了北京。第二天，庆祝全日空中国航线通航30周年的纪念大会在北京中国大饭店隆重召开。会上，我见到了中日友好协会会长唐家璇、驻日大使孔铉佑等老朋友，感到非常高兴。

中国有一句老话：吃水不忘挖井人。全日空原社长冈崎嘉平太是"全日空之父"，他就是全日空的"挖井人"。从某种意义上讲，我的故乡是中国，对我来说，中国同样是我的"挖井人"。

中国是我的"大地母亲"，这是我一生一世也无法改变的事实。我与东日本铁路公司原董事长大塚陆毅、丰田汽车公司原董事长张富士夫、作家兼作曲家中西礼等在中国出生的人共同组建了友好组织"大地之会"，目的就是勿忘中国，知恩图报。

2005年秋天，我陪母亲大桥文子重返故地——佳木斯和哈尔滨。回想那个年代，我们一同在中国吃了不少苦。母亲原本就体弱，再带着更加体弱多病的我一起逃难，对她来说实在是太艰难了。母亲长寿，一直活到了97岁。去世的前几年，她还能在高兴时跳跳日本舞，完美地走完了自己的人生。对我来说，母亲就是光辉灿烂的太阳，时时刻刻都在照耀着我。

最应该感谢的当属我的母亲，当然还有父亲太郎，以及公司的上司、部下、历任秘书、主治医生和我的司机。得益于周围人带给我的温暖，我才能有着幸福的人生。只有"感谢"二字才能表达出我对所有人的真实心情。

我想告诉大家的是，我的奋斗并不会到此结束。"洋治，你这辈子一定要活出个样子来！"我会按照母亲的嘱托，从今往后更加竭尽全力地追逐"空中丝绸之路"的伟大梦想。

最后，我想用这句话结束我的写作："面向未来，奋勇向前吧！（Go Ahead！）"

与唐家璇（中）等人在庆祝中国航线通航30周年纪念大会上的合影

结　语

2017年,《日本经济新闻》刊载了"我的履历书"。连载期间，我再次回顾了过去的人生经历，脑海里不时浮现出一张又一张熟悉的面孔，思绪万千。我一生结识了无数人，也许无法数得清楚，但对我来说，他们都是无可替代的贵人，正是结识了他们，才有了今天的我。

这里，我介绍一下在"我的履历书"连载前后发生过的一些事情。

2016年冬天，我小学时代的班主任奥田实老师，在"我的履历书"连载之前就去世了。他的去世让我始料未及，我虽然去送别了他，但对于未能将连载之后的书送到他的手中，我一直懊悔不已。

2017年4月，我工作中的老师、我人生的榜样——藤原享一也辞世了。如果没有发生洛克希德事件，他日后肯定能当上全日空的社长。

在"我的履历书"连载期间，我曾与在供给部时期工作过的同事们一起陪藤原吃饭。就在这次聚餐的十天后，他突感身体不适，驾鹤西去了，享年88岁。我去他家吊唁时，从他夫人的口中听说藤原每天最喜欢读的就是"我的履历书"的连载。据说，他还亲自去报亭买《日本经济新闻》，住院之后也是每天必读，直至去世。听他夫人说，藤原对她说："谁也不用来看我，不要浪费那些现役人员的时间。告诉他们，如果有前来探视的时间，不如把它用到工作上去。"他是一位严厉的领导，我在新员工期间，受他的熏陶最多，受他的关照也很多，他永远都是我最敬重的前辈。我在连载中写下的这段话，他应该有机会读到过。

再说说我的工作。经营者的工作就是构思一个梦想并去实现这个梦想。我有一个"空中丝绸之路"的梦想需要实现。

天空无国界，"空中丝绸之路"的梦想不是个人梦想，它不分企业，超越国界，应该由大家共同去实现。我造了一个词——"全天空"，即全员构筑天空之路的意思。天空无限广阔，天空之上，还有无限的宇宙，因此，"空中丝绸之路"应该是包括宇宙在内的丝绸之路。

全日空与宇宙有缘。2016年，在国际空间站工作了4个月的日本宇航员大西卓哉之前就是全日空B767客机的飞行员。大西最早实现了我的梦想。大西离职时，我送给了他一本书，是我最喜欢的塞缪尔·厄尔曼的诗集，里面有：

"青春，不是年华，而是心境。"

大西很喜欢这本书，还把它带进了空间站。前些日子，他以地球为背景，拍摄了这本书漂浮在失重空间中的照片，并带来给我看。我当时激动得说不出来话，看得十分入迷，仿佛忘记了时间。

今天，全日空也启动了宇航事业，我的后辈们为实现"空中丝绸之路"也开始了行动。难道我的梦想就要实现了吗？我跃跃欲试，翘首以待。

我今年82岁，此时此刻，正值"青春"。

大桥洋治年谱

公历(年)	年龄(岁)	重要事件	航空业/全日空重要事件	社会大事件
1940	0	1月21日,出生在中国东北的佳木斯市		
1941	1			太平洋战争爆发
1945	5			第二次世界大战结束
1946	6	11月18日,从中国葫芦岛坐船抵达日本博多港		
1947	7	入学昝部小学		
1948	8	搬到高粱市居住 二年级第二学期转入高粱北小学		
1952	12		日本直升机运输公司成立	
1953	13	搬至冈山市居住 六年级第三学期转入冈山大学教育学部附属小学,后升入冈山大学附属中学		

续表

公历(年)	年龄(岁)	重要事件	航空业/全日空重要事件	社会大事件
1956	16	升入冈山县立冈山朝日高中		
1957	17		公司更名为全日本航空公司	
1959	19	高中毕业,进入东京高考补习学校		
1960	20	考上庆应义塾大学		
1961	21		冈崎嘉平太就任全日空社长	
1962	22			《日中长期贸易综合协定》签订
1963	23	毕业找工作,经石川先生介绍向冈崎社长推荐了自己	发生八丈富士事故	
1964	24	进入全日空工作	全日空 B727 首航	东京残奥会召开
1966	26		发生羽田·松山事故	
1969	29		全日空 B737 首航	
1970	30	6月,结婚		
1971	31		零石事故发生	

续表

公历 (年)	年龄 (岁)	重要事件	航空业/ 全日空重要事件	社会 大事件
1972	32			日中邦交正常化
1973	33	6月，长子洋平出生	在札幌举办第一届全日空高尔夫锦标赛	
1974	34	10月，长女文子出生	全日空洛克希德L-1011客机首航	
1976	36		洛克希德事件 全日空旅客数首破1亿	
1978	38		新东京国际机场（现成田国际机场）落成	
1979	39		全日空员工总数突破1万	
1981	41	7月，任人事部劳务科第一科长	全日空旅客总数首破2亿	
1983	43	6月，任人事部工资科长		
1984	44		发行全日空卡	
1985	45	6月，任航空本部乘务部副部长	日航御巢鹰山事故 全日空旅客总数首破3亿	

大桥洋治年谱 | 173

续表

公历(年)	年龄(岁)	重要事件	航空业/全日空重要事件	社会大事件
1986	46		全日空国际航线正式通航 机组空乘人员举行大罢工	
1987	47	父亲去世	中国（北京和大连）航线通航	
1988	48	7月，任销售部部长，兼管宣传业务		
1989	49	6月，任宣传促销部部长	全日空加盟国际航空运输协会 全日空原社长冈崎嘉平太去世	昭和天皇驾崩，年号改为"平成"
1990	50		4月17日，全日空机组空乘人员工会罢工 B747-400首航	
1991	51	6月，任企划管理部部长	全日空A-320首航 定期航空协会成立	
1993	53	6月，任董事兼成田机场支店长	特别涂装机"海洋巨无霸"B747首航 全日空发行里程积分卡	

续表

公历(年)	年龄(岁)	重要事件	航空业/全日空重要事件	社会大事件
1994	54		关西国际机场通航	
1995	55	6月,任董事兼纽约支店长	全日空857号航班劫机事件 全日空B777首航	
1996	56		B747-400国际航线罢工 特别涂装机"史努比号"首航	
1997	57	6月,任常务董事兼人事劳务本部部长,兼管设施调配及关联事业本部的业务		
1998	58		全日空职业足球俱乐部飞翼队解散 全日空国际航线在世界杯赛期间罢工 特别涂装机"天空号"首航 停止分红	
1999	59	6月,任副社长,兼任销售本部部长	61号航班劫机事件 全日空加入星空联盟	

续表

公历 (年)	年龄 (岁)	重要事件	航空业/ 全日空重要事件	社会 大事件
2000	60		政府撤销对航空业的管制，允许自由加入与撤出	
2001	61	4月，任社长回顾山田方谷，成立山田方谷历史剧拍摄筹委会	日航和佳速航空合并 全日空羽田国际包机通航	9·11恐怖袭击事件
2002	62		确定全日空经营理念 B767-300F客机首航	
2003	63		搬迁公司总部 领导办公室开门办公 设立秘书处 废除专务职位以下专车服务 开展使用"桑"称呼的运动① 开展"2上3下运动" 羽田至金浦定期包机通航	伊拉克战争爆发SARS

---

① 日语中名字的后缀称呼词，男女均可以使用。

续表

公历(年)	年龄(岁)	重要事件	航空业/全日空重要事件	社会大事件
2004	64		实施向日葵项目"安心、温馨、开心" 决定引进B787型客机 复配红利 羽田机场第二航站楼落成 特别涂装机"皮卡丘"首航	
2005	65	4月,任董事长	全日空国际航线首次盈利 全日空出售NCA股份	
2006	66	5月,被大连市市长夏德仁授予"大连名誉市民"称号	改革06-09成本构造 提出亚洲门户构想	美国发生金融次贷危机
2007	67	4月,任经济同友会副代表干事	开设全日空集团安全教育中心(ASEC) 特别涂装机"飞天熊猫"首航	

续表

公历(年)	年龄(岁)	重要事件	航空业/全日空重要事件	社会大事件
2008	68	3月，脑栓塞病倒 6月，任经团联副会长（日本航空业首位、经营劳政委员长、经济协作委员长、代会长） 12月，因肠道憩室出血，由中村事务总长代替出席记者见面会，后被报纸报道	全日空决定引进MRJ 与石川辽签订赞助合同 国内航线引进加价经济舱	雷曼事件 北京奥运会
2009	69	国土交通大臣奖授奖 开办冲绳货物集散中心	冲绳货物集散中心开始营业 时隔20年恢复特别涂装机"全日空莫霍克喷气机"	民主党政权诞生
2010	70	荣获"中日友好使者"勋章	新品牌Inspiration of Japan诞生 日航破产 羽田机场国际航站楼投入使用	
2011	71	3月，脑出血病 任经团联夏季研讨会议长期间，受到坂根会长（小松公司）等人赞许	乐桃航空成立 全日空与美联航开展合作 设立亚洲日本航空公司 全日空B787首航	日本大地震

续表

公历(年)	年龄(岁)	重要事件	航空业/全日空重要事件	社会大事件
2012	72	荣获旭日大绶章，公司志愿者举办盛大庆祝会 母亲去世 TOMODACHI INITIATIVE	日航股票复市 与德国汉莎航空开展合作	安倍第二届政权诞生 伦敦奥运会
2013	73	4月，任全日空控股集团董事长	向控股公司制转移 获"五星级航空公司"称号	
2014	74		羽田国际机场的出发抵港航班增加	
2015	75	4月，任全日空控股集团顾问	6月，MRO日本公司成立	
2016	76	6月，任日本青年旅行协会副会长	《8·10公文》截止	
2017	77	任日本青年旅行协会会长	全日空最长航线成田至墨西哥航线通航	

大桥洋治年谱 | 179

续表

公历(年)	年龄(岁)	重要事件	航空业/全日空重要事件	社会大事件
2019	79		全日空A380首航 乐桃航空与香草航空合并	
2020	80		羽田机场国际航线出发抵港航班份额再次增加	东京奥运会

图书在版编目（CIP）数据

大桥洋治自传／（日）大桥洋治 著；任世宁 译. —北京：东方出版社，2023.7
ISBN 978-7-5207-3236-9

Ⅰ.①大… Ⅱ.①大… ②任… Ⅲ.①大桥洋治—自传 Ⅳ.①K831.389

中国版本图书馆 CIP 数据核字（2022）第 257212 号

OOZORA NI YUME WO MOTOMETE written by OHASHI Yoji
Copyright © 2020 by OHASHI Yoji. All rights reserved.
Originally published in Japan by Nikkei Publishing Inc.（renamed Nikkei Business Publications, Inc. from April, 2020）
Simplified Chinese translation rights arranged with Nikkei Business Publications, Inc. through Hanhe International（HK）Co., Ltd.

本书中文简体字版权由汉和国际（香港）有限公司代理
中文简体字版专有权属东方出版社
著作权合同登记号　图字：01-2022-4930 号

大桥洋治自传
（DAQIAO YANGZHI ZIZHUAN）

作　　者：	［日］大桥洋治
译　　者：	任世宁
责任编辑：	钱慧春
出　　版：	东方出版社
发　　行：	人民东方出版传媒有限公司
地　　址：	北京市东城区朝阳门内大街 166 号
邮　　编：	100010
印　　刷：	北京文昌阁彩色印刷有限责任公司
版　　次：	2023 年 7 月第 1 版
印　　次：	2023 年 7 月第 1 次印刷
开　　本：	787 毫米×1092 毫米　1/32
印　　张：	6.125
字　　数：	90 千字
书　　号：	ISBN 978-7-5207-3236-9
定　　价：	54.00 元
发行电话：	（010）85924663　85924644　85924641

版权所有，违者必究
如有印装质量问题，我社负责调换，请拨打电话：（010）85924602　85924603